# MI PRIMA LEONOR

*Una mujer extraordinaria.*

**Dr. Ismael Santos Cabrera**

Nota del Editor:

El editor se ha mantenido fiel al original, y solo ha hecho cambios ortográficos y gramaticales necesarios para facilitar la comprensión y la fluidez de la lectura del texto.
T. Angela Terga, TAT Productions

# SOBRE EL AUTOR

PROFESOR DOCTOR ISMAEL SANTOS CABRERA

El profesor Doctor Ismael Santos Cabrera es un prestigioso psiquiatra de nacionalidad cubana; ex catedrático de Psiquiatría de la Universidad de Granma, investigador y autor de numerosos artículos científicos sobre alcoholismo, suicidio, depresión, psicoterapia, toxicomanías, salud mental y sobre la Paz.

Exprofesor principal de la asignatura Psiquiatría 1982-2004 del Hospital Universitario Carlos Manuel de Céspedes de la ciudad de Bayamo. Impartió la asignatura de Psicología Social en la Universidad Eduardo Mondlane en Maputo Mozambique curso 1987-88 y de Psiquiatría en la Universidad de Caracas Venezuela curso 2013-2014. Ha sido profesor Adjunto de las facultades de Cultura Física y de Psicología Universidad de Granma.

Miembro del Comité Académico de Maestría Longevidad Satisfactoria y Colaborador del Glosario Cubano de Psiquiatría (GC 2 y GC 3). Es profesor auxiliar y consultante de Psiquiatría Universidad de Granma y miembro titular de la Sociedad Cubana de Psiquiatría. Tiene 45 años de experiencia clínica y llevó el mensaje de Alcohólicos Anónimos a la provincia Granma hace 25 años. Es amigo de la Fundación Internacional Cultura de Paz desde el año 2016.

# Contenido

# Introducción

Investigar para luego escribir sobre la madre del apóstol cubano es un reto para cualquier escritor, cuando no se poseen las cualidades del investigador especializado. Sin embargo, desde hace varios años he querido homenajear a esta incomprendida tinerfeña y me resulta estimulante el año del 110 aniversario de su fallecimiento para cumplir mi cometido. Esto también porque tengo la corazonada de que de alguna manera estoy emparentado con tan ilustre mujer, no solo porque tenemos el mismo apellido, sino además porque nuestros antepasados proceden de Santa Cruz de la Palma, lo cual me induce a pensar que bien pudiéramos y posiblemente seamos descendientes del mismo árbol genealógico.

Según la Historia Genealógica y Heráldica de la monarquía española del autor Francisco Fernández de Betancourt, el noble y antiguo linaje de Cabrera aparece en la historia de los tiempos remotos, radicando en Galicia,

Aragón, Cataluña, Córdoba y Canarias. Además señala que los Cabrera fueron conquistadores de Canarias. Por otro lado, el nombre Leonor es de origen árabe y significa ¡Dios es mi luz!

Pretendo en esta semblanza de D. Leonor abordar aspectos de su temperamento, actitudes, carácter y sobre todo valores de esta regia personalidad injustamente poco comprendida por oponerse a las actividades independentistas de su hijo primogénito. Quiero destacar asimismo que soy un ferviente martiano desde que tengo uso de razón por ser Martí el más universal de los cubanos, y sobre todo por sus concepciones éticas y su humanismo sin límites que lo ubican siempre al lado de los desposeídos.

Al elegir la biografía como género literario comprendo los retos y desafíos a los que me someto, como Montaigne, siempre he sentido un inmenso placer por la lectura de obras de escritores de vidas, recuerdo por ejemplo las lecturas de Fausto de Goethe o Crimen y Castigo de Dostoievski por sólo mencionar estos.

Reconozco la complejidad de la tarea propuesta, trato de acogerme a las recomendaciones dadas por André Maurois en Aspectos de la Biografía o la que dan literatos como Camila Henríquez Ureña o Gonzalo Martín Vivaldi en Invitación a la Lectura y en un Curso de Redacción, sin por ello olvidar otras recomendaciones de biógrafos célebres como Emil Ludwig en Genio y Carácter o de Stephan Sweig en Fouché u otras de sus biografías.

Herbert Spencer ha señalado "El biógrafo o autobiógrafo se ve obligado a suprimir de su narración la banalidad". Por lo cual me he ceñido básicamente también a la interpretación del epistolario de D. Leonor, opiniones de su hijo Pepe a través de sus cartas, a la escasa bibliografía de biógrafos de esta sufrida madre, el testimonio asumido por su nieto Raúl García Martí y a la valoración de trabajos de otros pocos autores, en particular de D. Olivia Cano Castro.

Aunque reconozco el pensamiento de Edmundo Gosse cuando expresa que "Las vastas visiones históricas están fuera de lugar en una biografía", he tratado de ceñirme al contexto histórico de la época sin olvidar que solo ofrezco una semblanza biográfica de la tan afligida madre.

Por lo limitado de la extensión de esta ponencia y por mi ignorancia en profundidad de toda la vida de esta mujer injustamente incomprendida por muchas personas de su época y aún de la actualidad, con esta pequeña obra pienso poner mi grano de arena en el estudio de esta regia personalidad canaria y a su vez profundizar en el aspecto psicológico de D. Leonor, así como seguir investigando sobre la vida y peregrinación de esta ferviente cristiana y humilde mujer en un futuro próximo.

# PRIMERA PARTE

**La personalidad. Rasgos caracterológicos y temperamentales. Influencia del horóscopo y de sus progenitores.**

Si nos atenemos al horóscopo occidental, su signo zodiacal corresponde a Sagitario, signo de fuego: La brasa. Rasgo más evidente: la verdad por delante, de aquí que su único vástago varón señalara: "Mi madre tiene grandezas".

Los sagitarianos son personas de un vitalismo agotador y en contraste, tienen un espíritu delicado. Doña Leonor es sincera pero no sutil y se empeña en decir la verdad, tarde o temprano la dice. Sagitario simboliza al arquero y según la astrología las personas nacidas entre el 22 de noviembre y el 21 de diciembre poseen capacidades físicas e intelectuales muy variadas. El fuego que rige este signo le proporciona un fogoso entusiasmo que los ayuda a cumplir sus objetivos.

El significado del nombre Leonor es: Dios es mi luz y es un nombre femenino de origen árabe, propio de la nobleza y realeza europea. Su festividad se celebra el día 29 de diciembre. En su carta natal según la versión Rosacruz tiene como ascendente a Virgo signo de tierra, lo más refinado de un ciclo, de aquí que sea una persona muy limpia, con tendencia a la pulcritud.

Además, significa renunciación, situación dolorosa de desprendimiento. Son personas metódicas, analíticas, críticas, dominadas por Mercurio que propicia: conocimiento práctico. Trígono con Leo: voluntad, gobierno, matrimonio. Muy voluntariosa, decidida. Por eso en su matrimonio con Don Mariano jugó un papel decisivo. Saturno en Leo significa responsabilidad. Dos grandes trígonos. Realizaciones importantes. Plutón intensidad irresistible, portadora de gran sabiduría, pero en conflicto porque tiene que someterse a la voluntad del esposo de acuerdo al contexto del siglo XIX en que vivió. La Luna en cuadratura con Saturno produce melancolía, represión de sentimientos. Saturno en trígono con Júpiter: proporciona sabiduría, virtud, lo correcto. Urano friccional explica pérdida de hijos, debe recordarse que sólo su hija Amelia la sobrevivió después de su fallecimiento.

Según la astrología china, su signo corresponde a la Rata que es el primero de los animales de un ciclo de doce, era bienvenida en tiempos antiguos como protector y traedor de prosperidad material, es asociada con riqueza, agresión, carisma y orden y le proporciona inteligencia, su elemento fijo es el agua, el variable tierra.

Doña Leonor apenas habla de sí misma y existen pocos testimonios de quienes la conocieron en vida. Fue hija de su tiempo, actuó con el sentido conservador de su época, que le inculcaron sus padres. Fue como todas las mujeres de su clase y época: freno de todos los posibles excesos en el hogar.

Era una mujer atractiva, esbelta, de ojos muy hermosos como bien la describe su hijo José Julián. No se conoce exactamente cuando llegó a Cuba, se supone que, siendo aún una niña, llegó con su padre, el músico Don Antonio Pérez y Monzón, natural de La Vega de San Mateo de Tenerife.  Como la mayoría de los canarios, vino a buscar fortuna y mejoría económica que no la disfrutó en su país por entonces en decadencia.

De Leonor se dice que era tranquila pero enérgica, pacífica como se describe a los nativos de Canarias –los guanches–, pero de una vivacidad extraordinaria. Su madre se nombraba Rita María Liberata Cabrera. Desde muy temprana edad se hicieron patentes en ella los rasgos de humildad y honestidad a la vez que una inteligencia natural innata, lo cual se evidencia en que sabía leer y escribir, algo poco común en las niñas de entonces.

Revelan sus cartas una mente lúcida y razonadora que encierran ricos matices espirituales, quedan de lado todos los supuestos de vulgaridad que algunos inescrupulosos autores señalan. Como bien afirma el erudito Don Ezequiel Martínez Estrada: "Pocas mujeres han sido amadas y reverenciadas como Doña Leonor Pérez de Martí, pocas padecieron tan agudos y dilatados tormentos, sufrimiento que revela Martí al escribir a su hermana Amelia en carta fechada el 28 de febrero de 1883: "Nada me ha hecho verter tanta sangre como las imágenes dolientes de mi padres y de mi casa".

La ilustre mujer chicharrera* que trajo al mundo al prócer de nuestra independencia era también una mujer valiente y audaz, baste recordar los incidentes del teatro Villanueva del 22 de enero de 1869 cuando debajo de la balacera salió en búsqueda de su hijo a la casa del Sr. Mendive. Posteriormente al ser detenido y condenado el joven Martí, acude con sus hijas a la capitanía general solicitando el indulto de su menor hijo, y hace una audaz defensa del mismo que apenas contaba 17 años.

Otra demostración de su austeridad y talento se manifiesta cuando describe con impresionante realismo la situación del hogar en los años de mayor desventura: "Pensé hablarte hoy de tus hermanas, para que no las culpes, pero al tocar esto mi corazón se oprime y no puedo disimular mi dolor. Sí Pepe, ellas pasan una vida muy impropia de su edad, y esto las desanima, necesitas alentarlas, yo hago lo posible, pero eso no basta. Afortunadamente no conocen la

---

* Gentilizio de los habitantes de Santa Cruz de Tenerife

ambición de los lujos de la vida, al ver el poco aprecio que hace el mundo de la desgracia."

En cuanto a la astrología oriental, específicamente China, su signo es Rata, el elemento fijo agua y el variable estacional Tierra que favorece al signo (en el invierno). No por casualidad nace en diciembre, su mes más favorecido. La mujer rata no se intenta hacer notar, su comportamiento es más bien tímido, pero en realidad obedece a su carácter reservado y discreto, no pasará jamás desapercibida por su elegancia y clase que la hacen más sensual.

Finalmente, en relación con el horóscopo gitano de Marcus Lipton, le corresponde el instrumento "hacha". Son personas con espíritu aventurero y arriesgado que enfrentan la vida cada día con valor y capacidad de raciocinio muy práctico, se sienten a gusto en cualquier ambiente y ante cualquier circunstancia, son individuos confiables que abusan un poco de su resistencia física, cruzando a veces el límite de la prudencia.

Concluimos este aspecto planteando que era una mujer de temperamento flemático, fuerte, equilibrado pero enérgico, valiente, audaz, sin dejar de ser una mujer tierna y de gran amor por su hijo idolatrado y sobre todo muy sensible, ilustrándose en esta frase en carta a su hijo el 18 de agosto de 1881: "No puedes imaginarte el dolor de mi alma al saber lo poco agradable de tu situación."

La madre de Martí fue desde niña de genio vivo e inteligencia clara, aprendió a leer con sus amiguitas, pues sus padres, seguidores de las normas de aquella época, temían que al llegar a la edad de noviazgo pudiera servirle el saber leer y escribir para cartearse a escondidas con sus galanes o pretendientes. Se opusieron que asistiera a la escuela, sobre todo el padre, pero ella a pesar de la oposición y con sigilo, aprendió en las visitas frecuentes a sus vecinos.

Esta anécdota de su infancia fue revelada por D. Leonor a su hija Amelia ya siendo adulta. Sus padres tenían cierto desenvolvimiento económico, aunque sin grandes riquezas. No obstante su posición desahogada, decidieron venir a Cuba para obtener mayor fortuna. Por aquél entonces en las Islas Canarias escaseaban las fuentes de empleo y los canarios emigraban masivamente a América.

Cuba, como colonia de ultramar, necesitaba de trabajadores y desde entonces gozaba de prestigio por su belleza y recursos naturales.

Cuentan que al llegar a Cuba su familia tuvo por fortuna ganarse la lotería, lo que le permitió adquirir una espaciosa casa en la calle Neptuno en La Habana. La residencia tenía una hermosa enredadera en el frente, un patio amplio como solían tener las casas de entonces, en el que había una palmera. Transcurrieron varios años cuando la madre Rita María pierde al esposo y decide regresar a Canarias. Luego hizo varios viajes lo que contribuyó a que se agotaran los recursos económicos de la familia. Por entonces D. Leonor no se había casado con D. Mariano.

No cabe dudas que D. Leonor fue una mujer humilde que contribuiría al apego de nuestro héroe nacional por esta clase social, de su origen humilde dejó escrito: "Pues mi madre señores…es una mujer humilde" …

La honestidad fue una de sus virtudes principales, cualidad que compartida con la de su esposo D. Mariano, influyeron en la personalidad de José Martí.

* Gentilicio de los habitantes de Santa Cruz de Tenerife

# SEGUNDA PARTE

Contexto canario y cubano

## Canarias:

Archipiélago y provincia española del Océano Atlántico, formada por siete islas mayores de origen volcánico: Fuerteventura, Gomera, Gran Canaria, El Hierro, Lanzarote, La Palma y Tenerife y algunos islotes menores: Alegranza, Roque del Este, Roque del Oeste, Graciosa, Montaña y la Islita de los Lobos. Llamadas también Islas Afortunadas desde los tiempos romanos por el delicioso clima que en ellas se disfrutaba, todas ellas pertenecientes a la provincia de Las Palmas.

El archipiélago está situado cerca de las costas de Marruecos y del Sahara del norte de África. La isla de Fuerteventura dista unos 95 km de la costa africana. Por su situación geográfica las Canarias son la región más austral y occidental de España. Las islas, de origen volcánico, son parte de la región natural de la Micronesia junto con los archipiélagos de Cabo Verde, Azores, Madeira y Salvajes y es el más poblado y extenso de la zona.

Su clima es subtropical, aunque varía localmente según la altitud y vertiente Norte o Sur, esta variabilidad climática da lugar a una gran diversidad biológica, que junto a su riqueza paisajística y geológica, justifica que existan en Canarias 4 parques nacionales.

Su toponimia se relaciona con un documento escrito y referencia directa a Canarias de Plinio El Viejo, que cita el viaje del rey Juba II de Mauritania a las islas en el 40 a.C. y se refiere a ellas por primera vez como Islas Afortunadas (Fortunata Insulae). En este documento también aparece por primera vez el término *canaria* utilizado para hacer referencia a la isla de Gran Canaria.

Los guanches eran los primitivos habitantes y pobladores de origen europeo y del norte de África. Los bereberes eran altos y moruños, robustos, bien formados, de pelo negro. Despejados y valientes, aunque pacíficos, y dotados de un carácter caballeresco, humano y hospitalario. Los indígenas originarios cultivaban la música, la poesía, vivían en cuevas y se alimentaban de frutas silvestres y de la

pesca.

Los guanches lucharon denodadamente frente a la

colonización española que finalmente la convirtió en provincia

de España incorporándose a la corona de Castilla en 1487.

En 1528 obtienen un beneficio que les exime de aranceles

lográndose a partir de entonces el desarrollo mercantil hasta

enriquecerse, pero este fue decayendo a raíz del constante

desembarco de berberiscos.

En 1808 siguieron el movimiento iniciado en Sevilla. El

capitán general por entonces marqués de la Casa Cajigal

proclamó a Fernando VII como rey absoluto sobre las

mismas, acogido con entusiasmo por los pobladores de las

Islas Canarias según la enciclopedia Universal Ilustrada

Espasa-Calpe T11 p.28. Pero las divisiones internas hicieron

que decayese económicamente, lo que determinó la

emigración masiva de muchos de sus habitantes a América.

## Cuba

La isla de Cuba era una colonia española y provincia de ultramar. La oligarquía hispano-cubana se planteó el suministro de otro tipo de fuerza de trabajo que no fuera la esclava-en particular española- sin renunciar por el momento a los esclavos africanos.

A partir del 3 de noviembre de 1842, la inmigración española era a expensa de castellanos, andaluces, gallegos, asturianos y canarios, aunque estos últimos eran discriminados no apareciendo en los censos registrados como españoles, a diferencia de la emigración peninsular, la de los isleños se hacía por familia y bajo contrato.

En 1862 constituían el 42% de todos los residentes españoles en Cuba. De una sociedad esclavista se fue convirtiendo en una revolución independentista. La población nativa "Criollos" comienza a luchar por la independencia de la metrópoli agudizándose las contradicciones entre peninsulares y los patriotas cubanos a través de las ideas de

Varela, Luz Caballero, Mendive y otros, que trajeron como consecuencia la revolución de 1868.

En ambos contextos, la mujer era discriminada, se dedicaba a las labores domésticas y al cuidado de los hijos casi con exclusividad.

# TERCERA PARTE

### Valores de Doña Leonor

Su crianza en el seno de una familia cristiana le proporcionó el desarrollo de valores como la humildad y valentía ya señaladas: Dignidad, honradez, responsabilidad, honestidad, decoro, sobre la base de un gran amor a su hijo y a su familia, independientemente que ella misma reconoce en sus cartas que fue egoísta con el hijo.

Analicemos estos valores a través de su epistolario.

Se conoce, hasta donde llega nuestra información, que de D. Leonor se conservan 27 cartas que hemos podido recopilar gracias a la gentileza de D. Olivia Cano Castro estudiosa profesora de Historia y de la vida de la insigne madre del apóstol al obsequiarme un ejemplar de su ensayo biográfico titulado D. Leonor Pérez Cabrera: Mujer canaria, y de la revisión bibliográfica en el Centro de Estudios Martianos en la capital del país, además de lo que aparece en INTERNET. Considero el texto referido como una joya por la profundidad con que aborda la biografía de la madre de nuestro héroe nacional y resume las consideraciones finales de la siguiente manera: mente lúcida y razonadora; inteligente y ejemplar; la riqueza de sus manifestaciones éticas; lo entrañable de sus afectos; su respeto a la armonía familiar que cultivó con su primorosa espiritualidad; su sensibilidad e intuición; el buen sentido con que expresaba sus sentimientos.

El apóstol se interroga en su última carta dirigida a su madre: "Porque nací de usted con una vida que ama el sacrificio_" destacando de esta manera su reconocimiento a la laboriosidad y sacrificio de su madre y en la cual se inspiró con humildad, decoro y dignidad.

# Epistolario de Doña Leonor

En la tercera parte de mi exposición abordo el epistolario de D. Leonor en orden consecutivo, vinculando sus cartas con sus valores y a través de sus pensamientos, actitudes, emociones, y caligrafía, indagar sobre su temperamento, carácter, y otros rasgos de su personalidad. Vamos a seguir a partir de ahora un orden cronológico y consecutivo de su epistolario. Se conoce, hasta donde llega mi información, que se conservan 27 cartas de D. Leonor que iré analizando en forma textual, utilizando la hermenéutica y la interpretación psicológica como recursos de mi profesión. Asumo la responsabilidad del enfoque que se atribuye desde el punto de vista crítico teniendo en cuenta la opinión de Unamuno de que "El hombre tiene una personalidad que es la que otros hombres creen que tiene".

En una de las cartas—la segunda—he respetado la ortografía y caligrafía pues se trata de un borrador, donde D. Leonor redacta de puño y letra su carta que está dirigida al gobernador general de la república, que aparece sin fechar y sin la firma de la autora.

Es importante señalar que no soy lingüista, por lo que sólo haré algunos comentarios al respecto.

Todas sus cartas tienen un valor testimonial inestimable y en ella se plasman pensamientos, sentimientos, opiniones, actitudes y valores que nos permiten conocer la regia personalidad de la madre del apóstol, así como sus angustias, esperanzas, sueños y realidades. En ellas se pone de manifiesto su inteligencia emocional al expresar claramente sus sentimientos.

# Carta al Gobernador Superior Civil de D. Leonor Pérez

*Excelentísimo señor Gobernador Superior civil:*

*Doña Leonor Pérez, natural de Canarias y vecina del tercer distrito, calle de San Rafael # 55. Respetuosamente a V.E. expone que es la madre más afligida de todas pues lamenta y deplora la triste suerte que ha cabido a su querido y triste hijo José Martí por su sencillez e inexperiencia, cual es la de verle arrastrar prisiones por causa de infidencia cuando no arriba a los 15 años de edad, en la que se le sentenció a 6 años de presidio por tres palabras que escribió en el colegio a uno de sus condiscípulos.*

*Por esas frases vertidas en un momento de ofuscación se le encuentra hoy confundido entre los criminales y malhechores sin contar ni poderle valer el regazo de su madre ni ésta ya poder contar con el auxilio del sueldo que disfrutaba en el escritorio de un comerciante, sueldo que con la ayuda del recurso de la aguja subvenía, aunque limitadamente, a los gastos de una numerosa familia del sexo débil.*

*Aquí tenéis presente excelentísimo señor, a una parte de esa desamparada familia que a las plantas de V.E. viene a derramar sus lágrimas para conseguir*

*indulgencia hacia ese infeliz que no puede valerse por sí ni puede ya en esa maltratada situación volver los ojos a esa pobre madre y hermanitas inconsolables. Acoja V.E. benigno sus ruegos que la providencia divina le premiará la gracia que no duda en alcanzar del noble corazón de V.E.*

**Habana, agosto 5 de 1870, excelentísimo señor,**

*Leonor Pérez de Martí*

En esta primera carta D. Leonor hace gala de su locuacidad, sencillez y modestia, pero además expresa su respeto hacia la autoridad y su aflicción por la sentencia recibida por su hijo Pepe tras ser condenado por el delito de infidencia. Con inteligencia utiliza la hipérbole al considerarse la madre más afligida de todas, tratando de movilizar y sensibilizar con fina erudición al entonces gobernador superior por la impostura de su tierno hijo en un momento de arrebato, según ella.

A la vez, critica al sistema carcelario por tener recluido a su vástago entre criminales y malhechores y protesta porque ni siquiera puede contar con el afecto de su madre al ser este de tierna edad ni de la ayuda que el mismo le brinda a la economía familiar a pesar de su corta edad.

Demuestra talento también al presentarse con sus menores hijas solicitando indulgencia haciendo acopio de religiosidad y de fe en que la providencia sabrá premiar la buena acción del gobernador al mostrar condescendencia. No cabe dudas de su decoro, entereza e inteligencia superior, a pesar de su corta ilustración, que apenas le permitía escribir una carta con errores ortográficos.

Es de suponer que esta misiva haya sido confeccionada con la ayuda de alguna persona de mayor ilustración, poniendo de manifiesto su inteligencia emocional al expresar claramente sus sentimientos.

# Carta de Doña Leonor Pérez al Gobernador General

(Borrador)

**Habana, agosto de 1870.**

*Excelentísimo señor: Aquí tenéis a las hermanitas y triste madre del desgraciado José Martí, joven que acaba de cumplir 17 años y ha sido sentenciado a 6 años de presidio por tres palabras escritas cuando apenas cumplía 15 años en una carta que escribió estando en el colegio a un condiscípulo suyo la que no llegó a su destino y fue encontrada en un registro que se practicó hace 10 meses en la casa de otro condiscípulo suyo. Por esta carta excelentísimo señor, veo a mi hijo hoy con los peores criminales arrastrando un grillete, y no teniendo en el mundo más amparo que este único hijo para que su trabajo ayude a sostener a 6 hermanas menores que él y ser su padre un anciano y enfermo y no pudiendo resistir tamaña desgracia y confiando en el clemente corazón de V.E. tenga a bien dispensarle que no le prive de trabajar para aliviar nuestra desgraciada suerte.*

*Prometo excelentísimo señor, no separarnos de él para que con mis consejos y vuestra indulgencia pueda ser un hombre útil a la patria, y de lo contrario podría ser un malvado si se le trata con demasiada dureza. Esto es, señor, lo que espera alcanzar de vuestra bondad esta infeliz madre.*

*Leonor Pérez de Martí*

En esta segunda carta confeccionada a puño y letra de D. Leonor, borrador no fechado ni firmado por la autora; se estima corresponda a agosto de 1870. Pues, como muy bien apunta el señor Luis García Pascual, la referencia del registro diez meses atrás y conociendo que este tuvo lugar el 4 de octubre de 1869, permite fechar la carta en agosto de 1870, después de ser tomada la foto de Martí con los grilletes. La dedicatoria de dicha foto tiene fecha del 29 de agosto de 1870.

D. Leonor se presenta con sus pequeñas hijas ante el gobernador general suplicando clemencia ante la injusta sentencia de seis años de prisión por tres palabras escritas cuando apenas su hijo cumplía 15 años en una carta dirigida a un condiscípulo suyo, que ni siquiera llegó a su destino.

Con argumentos parecidos a los de su carta anterior donde solicita clemencia, en ésta le pide indultar a su desgraciado hijo de pena tan dura por cualquier otra en la que pueda trabajar para ayudar al sostén de su familia por encontrarse enfermo y anciano su padre.

En esta carta se manifiesta a pesar de la limitada instrucción de su progenitora, el dominio de la comunicación por parte de doña Leonor y el poder expresar con sabias palabras sus sentimientos y su estado de aflicción. A la vez expresa con decoro la utilidad a la patria y la contraproducencia que una pena excesiva pudiera provocarle al joven hijo.  Ya se observa en esta sufrida madre más que un estado de aflicción, pesimismo e infelicidad.

# Al Capitán General de la Isla de Cuba

*Excelentísimo Sr. Capitán General: Doña Leonor Pérez, natural de Islas Canarias y vecina de esta ciudad con el debido respeto a V. E. dice que su hijo D. José Martí y Pérez se halla en calidad de deportado en la Isla de Pinos y siendo aquel lugar impropio para continuar su carrera y proporcionarle algún alivio a su pobre familia...acude a V. E. suplicándole le traslade a la península donde pueda remediar las anteriores dificultades. Así lo espera de los elevados sentimientos de V. E.*

**Habana y diciembre 6 de 1870.**

*Leonor Pérez de Martí.*

En una tercera carta, breve pero sentida, ésta dirigida al capitán general de la Isla de Cuba, le pide que en vez de ser deportado a Isla de Pinos le traslade a la península para que pueda continuar estudios y proporcionarle alivio a su familia, no olvidando desde luego la conveniencia para las autoridades de la Isla tener fuera de su jurisdicción al incipiente conspirador. En esta misiva ya considera a su hijo como un adulto refiriéndose a él en términos de Don José Martí y Pérez, denota en ella el respeto y la admiración por su hijo y la entereza demostrada en la prisión.

Por esta fecha D. Mariano había también realizado numerosas gestiones para a través de Sardá, por entonces amigo del Capitán General, lograr su excarcelación. La súplica de su madre pidiendo el traslado de su hijo a la península para continuar estudios y las gestiones de su padre surten el efecto deseado partiendo José Martí el día 15 de diciembre de 1870 hacia la península deportado en el vapor Guipúzcoa.

Antes de pasar a comentar las 19 cartas siguientes, estas dirigidas a su hijo, es bueno que analicemos algunos valores de D. Leonor:

Considero importante señalar como el primer valor de D. Leonor, la valentía, este valor se recoge a través de toda su existencia, pero se hace más diáfano en los acontecimientos del Teatro Villanueva el 22 de enero de 1869 cuando sale bajo la balacera en busca de su amado hijo que se encontraba en casa del maestro Rafael María Mendive, y quién mejor para

explicitar este valor que su hijo en versos cuando expresa:

El enemigo brutal
Nos pone fuego a la casa:
El sable de calle arrasa,
A la luna tropical

Pocos salieron ilesos
Del sable del español:
La calle al salir el sol,
Era un reguero de sesos.

Pasa entre balas un coche,
Entran, llorando, a una muerta:
Llama una mano a la puerta
En lo negro de la noche

No hay bala que no taladre
El portón: y la mujer
Que llama me ha dado el ser:
Me viene a buscar mi madre

A la boca de la muerte,
Los valientes habaneros
Se quitaron los sombreros
Ante la matrona fuerte.

Y, después que nos besamos
Como dos locos, me dijo:
¨Vamos pronto, vamos, hijo:
La niña está sola: ¡Vamos! ¨

José Martí

Otro de los valores más importantes de D. Leonor era su amor filial, valor que se constata también a lo largo de toda su vida y que se manifiesta en el acontecimiento referido con anterioridad y se reitera en todas sus cartas a su hijo Pepe, su hijo preferido por ser el primogénito y además varón, pero que se expresa además en el resto de sus hijas, esposo, nietos y yernos y demás familiares, y que es reciprocado por Martí durante toda su existencia, baste recordar los versos:

A MI MADRE

Madre del alma, madre querida
en tus natales, quiero cantar,
Porque mi alma, de amor henchida,
Aunque muy joven, nunca se olvida
De la que vida me hubo de dar.

Pasan los años, vuelan las horas
Que yo a tu lado no siento ir,
Por tus caricias arrobadoras
Y las miradas tan seductoras
Que hacen mi pecho fuerte latir.

A Dios yo pido constantemente
Para mis padres vida inmortal,
Porque es muy grato sobre la frente

Sentir el roce de un beso ardiente
Que de otra boca nunca es igual.

Es importante señalar que estos versos del apóstol son confeccionados siendo él muy joven.

Otros de sus valores fueron la entereza, honradez, laboriosidad, tenacidad, rectitud, humildad y probidad, todos ellos también encontrados a lo largo de su vida. Fue una persona muy sacrificada, casada con un hombre mucho mayor que ella y que fue cesanteado en varias oportunidades por sus imposturas–aunque de una honradez a toda prueba–por lo que tuvo que enfrentar muchas vicisitudes económicas y anímicas por la situación social y la postura inclaudicable de su hijo por la liberación de su patria del yugo español.

Martí supo apreciar estos valores en su madre desde muy temprana edad y lo hace evidente en sus cartas a su progenitora. He de recordar el retrato hecho a creyón en presidio el año 1870 y que al dorso dedica a su madre con la siguiente inscripción:

> Mírame, madre, y por tu amor no llores:
> Si esclavo de mi edad y mis doctrinas
> Tu mártir corazón llene de espinas,
> Piensa que nacen entre espinas flores¨

Una vez deportado a España, Martí enfermó. Aún débil por las llagas no sanadas todavía, al enterarse del fusilamiento de los estudiantes de medicina y estar preocupado porque no sabía si su amigo Fermín Valdés Domínguez se encontraba entre las víctimas de tan horrendo crimen y pensando en sus padres y sus hermanas, escribe en medio de la agitación y dolencia corporal el 30 de diciembre de 1871, los siguientes versos enviados a su lejano hogar:

¡MADRE MIA!

Mi madre: el débil resplandor te baña
De esta mísera luz con que me alumbro,
Y aquí desde mi lecho
Te miro, y no me extraña-
Si tu vives en mi-que venga estrecho
A mi gigante corazón mi pecho.

El sueño esquiva ya los ojos míos,
Porque fueran, si el sueño se cerraran,
Ojos sin luz de Dios, ojos impíos
¡Te miro, ¡Oh, Madre ¡Y en la vida creo!

Cómo cerrar al plácido descanso
Los agitados ojos, si te veo
Se me llenan de lágrimas. Es cierto
Que vivo aún como los otros viven
Que al placer de la vida no me he muerto

Lloro, ¡Oh, mi santa madre! Yo creía,
¡Que por nada en el mundo lloraría!

Los goces de la tierra despreciaba,
Y lenta, lentamente me moría
Yo no pensaba en ti: yo me olvidaba
De que eras sólo tú la vida mía
Tú estás aquí: la sombra de tu imagen
Cuando reposo, baña mi cabeza.

¡No más, no más tu santo amor ultrajen
Pensamientos de bárbara fiereza!
Una vida acabó: ¡mi vida empieza!
La luz alumbra ahora
Tus ojos y me miras.
¡Cuán dulcemente me hablas! Me parece
Que todo ríe plácido a mi lado,
Y es que mi alma, si me miras, crece,
¡Y no hay nada después que me has mirado!

¡Huya el sueño de mí! Cuan poco extraño
¡Las horas éstas que al descanso robo!
¡Oh! Si siento la muerte,
Es porque, muerto ya, no podré verte!

Ya vienen – a través de mi ventana
Vislumbres de la luz de la mañana
No trinan como allá los pajarillos,
Ni asoman como allá las frescas flores,
Ni escucho aquel cantar de los sencillos
Cubanos y felices labradores,
Ni hay aquel cielo azul que me enamora,
Ni verdor en los árboles, ni brisa,
Ni nada del edén que mi alma llora
Y que quiero arrancar de tu sonrisa.
¡Aquí no hay más que pavoroso duelo!
En todo aquello que en mi patria ríe,
Negruzcas nubes en el pardo cielo,
Y en todas partes, el eterno hielo,
Sin un rayo de sol con que te envíe
¡La expresión inefable de mi anhelo!
Pero no temas, madre, que no tengo

En mi esta nieve yo. Si la tuviera,
Una mirada de tus dulces ojos
Como un rayo de sol la deshiciera
_Nieve viviendo tu_ Pedirme fuera
Que en tu amor no creyese, ¡Oh, madre mía!

Y si en él no creyera,
La serie de mis vidas viviría,
Y eterno loco en los espacios fuera
¡Ámame, ámame siempre, madre mía!

Otro de los valores de D. Leonor es la humildad, que nuestro apóstol señala en sus obras completas..."Pues mi madre, señores.... es una mujer humilde". Valores como laboriosidad, austeridad y sacrificio se evidencian con creces en esta canaria al tener que asumir el timón de la familia por la enfermedad y vejez de D. Mariano que tuvo que licenciarse como funcionario policial y convertirse en un humilde empleado de sastrería y no poder garantizar el sustento económico familiar. El propio Martí expresa en una de sus cartas a D. Leonor..." porque heredé de usted este amor al sacrificio..."

En las próximas cartas iremos analizando éstos y otros valores de la madre de Martí.

La primera carta conocida de Martí a su madre la recibe el 23 de octubre de 1862, estando esta con el padre en La Habana, donde este último había sido designado como capitán juez pedáneo. Por entonces, D. Leonor había quedado sola en La Habana con sus 5 pequeñas hijas Leonor, Matilde, María del Carmen, María del Pilar, y Rita Amelia, esta última de meses.

# Cartas de D. Leonor a su hijo José

## Primera carta

La primera carta conocida de D. Leonor a su amado hijo Pepe, es un fragmento de carta que envía desde La Habana y que se encuentra fechada en julio de 1881.

*...Dime Pepe si has tenido carta de Mercado, hace poco, y si viven en la misma casa, ¡pues hace tiempo que nada sé y tengo que escribirle para saber si ha podido cumplir lo que me prometió con los restos de esa hija de mis entrañas que guarda esa tierra hace 6 años y medio Ay! hijo, tus penas por grande que sean pueden tener remedio un día, pero estos que no lo tienen jamás son los que nos parten el alma, y nos dan valor para sufrir todos los demás.*

*Quisiera escribirte mucho, pero algo que te consolara y me es imposible, sólo te diré que la separación de tu hijito, te sirva de consuelo saber que tiene una naturaleza tan sana y está tan hermoso, que no siendo una desgracia no debes temer por él y en el Príncipe dicen que hay buen temperamento, allí estará bien, pues las cosas de familia pasan pronto, y déjalos quietos hasta que Dios te mande alguna idea salvadora y se acaben tantas penas, esto es lo que constantemente le pido, pues no veo la salvación en otro lado.*

*De acá nada nuevo te puedo decir, siempre lo mismo y con lo mismo. Amelia y Antonia están tranquilas y sin ningún compromiso gracias a Dios, pero Carmen siempre con su capricho, él ha vuelto a solicitar la entrada en la casa que ahora trabaja compartido en la casa de su hermano, ya ha comprado algunas cosas y dice que para diciembre se casa; yo ya no tengo nada más que decirle, y visto su resolución de ella y lo desmejorada que se ha puesto, lo he dejado entrar y que siga su destino aún en contra de mi voluntad, pues ya ella no es una chiquilla ya tiene pronto 24 años y desde los 9 tiene una vida de fatiga, está delicada y ya hasta deseo que varíe su existencia, lo demás Dios lo hará pues la felicidad es cosa rara que si bien no se encuentra en la calle y la ventana como tú dices, tampoco creo que se encuentre en los salones, y aunque así fuese son tan pocos los que ellas frecuentan que no les hará daño.*

*Tu padre siempre con mucho espíritu y pocas fuerzas; yo llena ya de achaques de la vejez que se aproxima; de Chata no te digo nada, pues Manuel debe escribirte.*

*Cuídate mucho, no aumentes más mis penas y recibe fuerte abrazo con la bendición de tu madre.*

*Leonor*

En ella se hace referencia a los restos de Ana, o sea María Matilde, hay que recordar que había fallecido en México el 5 de enero de 1875 y pregunta por Manuel Mercado porque este le había prometido enviar los restos de su hija a La Habana. Con elocuencia expresa su pesar y sufrimiento al no tener aún respuesta sobre los restos mortales de esta hija de sus entrañas. Trata de consolar a su hijo por la separación de Pepito, haciendo evidente su espiritualidad, y fe religiosa de salvación en sus encomiendas a Dios. Le advierte que no se preocupe que en Puerto Príncipe donde permanece el niño estará bien por su fortaleza física. Hay que ver cuanta ternura abriga en su corazón esta desesperada madre. Le habla de sus hermanas, sobre todo de Carmen la que desea casarse a pesar de la oposición materna por la falta de estabilidad de su yerno Radillo y el no tener un trabajo seguro para garantizarle un buen porvenir sobre todo por la delicadeza de salud de la misma.

Cuánta preocupación tiene esta madre por sus hijos. También se evidencia en esta misiva su fina hilaridad al comentar sobre su esposo "con mucho espíritu y pocas fuerzas." Le recomienda a su hijo que se cuide para no aumentar sus penas, demostrándole mucho afecto y cariño en su despedida.

# Segunda carta de D. Leonor a su hijo

## Habana, 19 de agosto de 1881

*Hijo mío:*

*Todavía bajo la sorpresa que tu carta me causó te escribo, pues si bien pensé siempre que allí nunca harías cosas por lo que de esas tierras he oído, de la guerra civil en que siempre están, no lo esperaba tan violento.*

*Doy gracias a Dios que te ha librado de tantos peligros, y como yo creo en su santa madre a ella creí deberlo todo por lo mucho que por ti le ruego, y me conforma más que estés ahí pues no pasarán 2 y 3 meses sin saber de ti, como ha pasado ahora.*

*Por las tuyas comprendo que no recibiste las que te he escrito hace más de un mes, con la noticia de la ida de Carmen al Príncipe; pero ya por las de Manuel te habrás enterado de su resolución antes de saber tu voluntad, pues ella dice no necesita consejos de nadie, que tiene bastante talento para saber lo que hace. Yo sabía el golpe que esto sería para ti, pero nada podía hacer, y ya consumado este viaje por su gusto, creo no debes precipitar su regreso a esa hasta que estés completamente tranquilo y tengas trabajo seguro, pues ella no es para penalidades, que raro era el día que no necesitaba médico y gracias a que lo tenía con facilidad, porque el de los fosos es buena persona y venía al momento que lo llamaba. Esto no es echarte en cara su naturaleza débil, pero sí decirte que no es mujer para penalidades ni para vivir con pocos recursos y creo harás bien en dejarla descansar algunos meses de la fatiga de tantos viajes, y así el niño estará más grandecito cuando vaya y se librará de los peligros de ese mal tan traicionero que se lleva tantos niños ahí.*

*No hay mal que por bien no venga, dice un refrán y yo creo que este viaje te servirá de mucho para ser algo más indulgente pues habrás conocido que en todas partes los hombres son iguales, hay buenos y malos y que con todas formas de gobiernos hay descontentos, y te acordarás de lo que desde niño te estoy diciendo, que todo el que se mete a redentor sale crucificado, y que los peores enemigos son los de tu misma raza, y te lo vuelvo a decir, mientras tu no puedas alejarte de todo lo que sea política y periodismo, no tendrás un día de tranquilidad. Y yo no viviré tal vez lo suficiente para tener el gusto de verle tranquilo vivir sólo del trabajo de sus asuntos nada más, pues por mucha fortaleza que tengas ha de quebrantar tu salud la vida que llevas tan agitada hace tiempo.*

*Me dices, hijo, que te dé detalles de tu casa, qué quieres que te diga en el estado de tu espíritu hoy, y también del mío, si nada hay que me consuele de este inmenso vacío que siente mi alma con la sola idea de que este malestar, no tiene remedio posible, pues lejos de darme una esperanza, aunque lejana, me desanima cada día más, y que remedio para este cuadro, entregarlo a la voluntad de Dios es lo que haga y pedirle nos dé fuerza a todos para sobrellevarlo.*

*Que sacrificio tan inútil hijo de mi vida, el que estás haciendo de tu tranquilidad y de la de todos los que te quieren, no hay un solo ser que te lo sepa agradecer, el que más achaca tu sacrificio al ansia de brillar otros, a la propia conveniencia, y nadie en su verdadero valor.*

*No quiero seguir más, y sólo te diré, un caso reciente, de cómo se agradecen los muchos sacrificios que por los demás llevas hechos, este dará risa, pero es una pequeña muestra de la protección que a tus inútiles padres se les presta por tu abnegación.*

*Hace pocos días fui a hablar al amo de una casa que creí más conveniente que ésta, y resultó ser este señor uno que conserva buenos recuerdos de ti por no sé qué buena acción que tuviste con él en la cárcel, pero a pesar de esto y de ser bastante rico no quiso rebajar unos cuantos pesos del alquiler y nos quedamos sin ella, estas experiencias son las que me hacen pensar así.*

*Tu padre dice hoy algo, dice que te acuerdes de lo que te ha dicho de todas las repúblicas que has visitado y de las que te quedan por ver, que excepto ésa, nada vale la pena.*

*El siempre con sus achaques, de tus hermanas nada puedo decirte nuevo, Carmen es la que está algo achacosa, está tomando la crema de aceite de bacalao, pero yo creo que la mejor medicina es dejarla con sus amores, así es que ya se está preparando para casarse que según ha dicho su novio será para diciembre, pues dice que gana lo suficiente trabajando en la casa de su hermano. Y yo, en la seguridad de una enfermedad grave, cierro los ojos, oprimo el corazón y la he dejado que siga su suerte mala o buena, ya que no ha sido posible que oyera razones. Dios nos proteja y te de salud que es lo más grande de lo bueno de la tierra, enviándote un fuerte abrazo se despide hoy tu madre.*

*Leonor*

En esta carta D. Leonor le hace una especie de revelación cuando le advierte......"Y te acordarás de lo que desde niño te estoy diciendo, que todo el que se mete a redentor sale crucificado, y que los peores enemigos son los de su misma raza" ……

Varias personas comentan que lord Byron un día expresó, "Mientras más conozco al hombre más quiero a mi perro". Todo parece indicar que D. Leonor comparte opiniones parecidas al insigne patriota y poeta tan admirado por el guerrillero heroico Camilo Cienfuegos.

No cabe dudas de que la madre del apóstol conocía en profundidad la psicología humana aun cuando no tuvo oportunidad de estudiar tal disciplina; describe con lujo de detalles algunas características personales de su nuera Carmen, pero a mi juicio se equivoca cuando expresa en esta carta: "Que sacrificio tan inútil hijo de mi vida, el que estás haciendo de tu tranquilidad y de la de todos los que te quieren, no hay un solo ser que te lo sepa agradecer".

Recuerdo por un instante un fragmento de canción que se cantaba en mi escuela primaria y que decía así, "¡Hoy se escucha señores! ¡Ay una voz de ese sinsonte cubano, de ese mártir hermano que Martí se llamó! ¡Ay se llamó!"

Qué hubiera sido de esa Revolución tan hermosa que había comenzado en 1868 si no hubiera tenido a ese brillante organizador, que ofrendó con sacrificio su vida por el ideal independentista, ¿cuántos cubanos y cubanas no gozan hoy de paz exterior, o lo que es lo mismo ausencia de guerra aun cuando las condiciones económicas no sean las más favorables?

El ejemplo que D. Leonor le narra a su hijo en esta carta demuestra la falta de solidaridad en el capitalismo incipiente que ya reinaba en nuestra patria y la avaricia del dueño de la vivienda que no quiso reducirle el alquiler de la misma de la cual era propietario. Don Mariano en esta ocasión emite un breve comentario en su opinión acerca de la supuesta bonanza que reinaba por entonces en los Estados Unidos, juicio simplista porque no tiene en cuenta que el sistema capitalista de ese país estaba diseñado en lo fundamental para la clase dominante y la élite burguesa de esa sociedad. Esta carta es a mi juicio la más conocida e impactante de D. Leonor, con locuacidad explica sus puntos de vista aun cuando algunas de sus ideas estuvieran equivocadas, no cabe dudas de que en otras emitía juicios razonables, quizás un poco simplistas,

aunque lógicos.

## Tercera Carta

**Carta fechada en La Habana, 14 de octubre de (1881).**

*Hijo mío:*

*Cuando tengas mucha pena, deja de escribirme para otro lugarcito, pues cartas como la última no me llenan y me dejan muy triste, pues solo parece escrita para cubrir un expediente. Que poco confidencial, ni me dices si sabes a menudo de tu hijo, ni me preguntas sí sé yo de él, ni me das a entender si has recibido la última mía, en la que te preguntaba algo de tu salud, nada, nada, neblina tan tupida como la que velan mis ojos y sin embargo no te puedo escribir así, pero como los del alma están claros creen ver en esta carta mucha ofuscación.*

*Yo estaba mala cuando la recibí y más mala me puse, pero ya estoy casi buena, es mi mal poco peligroso pero muy molesto, pues para que pruebe un poco de todo Dios me ha mandado a la vejez dolores de muela, hace un mes no puedo mascar nada, una grande inflamación en las encías me ha producido dolores terribles en un colmillo picado, que no me ha dejado dormir, pero ya va cediendo, yo creo que esto me resultó de mucho leer, pues ya me cuesta mucho esfuerzo. Es el caso que yo guardaba todas tus cartas, con la esperanza que algún día tendríamos tranquilidad para repasarlas juntos y reír o llorar con ellas , pero viendo que esto se alarga mucho, que yo puedo morir, y ellas ir a parar a manos extrañas determiné romperlas pero no tuve valor sin darles otro repasón, y como algunas ya tenían la tinta apagada, he hecho mucho esfuerzo, pero ya se acabó la obra, y no me pesa pues rara era la que no tenía un ramalazo que no me hubiera gustado que otro las leyera, con que ya tú sabes que sin tener culpa has sido causa de mi dolor de muelas.*

*Acabo por si tienes hoy mucha pena y yo te distraigo con estas tonterías, a falta de cosas de mi interés que no la hay, pues te creo enterado de todo, Manuel te ha mandado periódicos. Quedo esperando otra carta más de familia y mientras recibes abrazos de tus hermanas, de tu padre nada que está muy mal de humor, con uno de aquellos catarros que le daban en México y que él creía de gravedad.*

*Adiós, hijo, y escríbeme con más sosiego, pa´ la tranquilidad de tu madre que te abraza y te bendice.*

*Leonor*

En esta carta que se supone escrita en la fecha acotada, D. Leonor se derrumba y no es para menos, su hijo está abatido. Luego de sufrir el movimiento independentista el revés de la guerra chiquita; el tener que enviarle al general Emilio Núñez en contra de su voluntad para que depusiera las armas; la disolución del comité en la emigración; las duras e injustas críticas recibidas por algunos emigrados; el abandono de su esposa cuando más la necesitaba y la separación de su hijo; el abandono brusco de Venezuela, hacen que Martí sufra nostalgias.

A juzgar por las expresiones de D. Leonor en su profundo pesar, la madre  toma precauciones por el peligro que corría su hijo, el poder morir y la posibilidad de que sus cartas cayeran en manos enemiga ydecide romperlas, actitud previsora de fina sensibilidad  como ha señalado su biógrafa Olivia Cano que demuestran la  devoción por su hijo y la añoranza por encontrarse tan lejos, increpándolo por lo que considera desamor, ligereza y falta de sosiego.

## Cuarta Carta

## Carta escrita en La Habana, 4 de noviembre de 1881.

*Hijo mío:*

*Qué causa tan poderosa  podrá ser la que te impide escribirme 30 de septiembre es la fecha de la última y lacónica carta tuya que te contesté: y también te ha escrito Manuel, pero ni él ni yo , sabemos de ti hace más de un mes, esto no es creíble, llegando tantos vapores, y no creo que por tu abandono me condenes a un continuo martirio, amas de las penas de nuestra difícil existencia, yo no pienso nada bueno y siempre esperando una mala noticia, esto es mucha agonía y va minando mi vida, si esto es justo, dímelo.*

*A tu amigo Fernández escribo dos letras por si estás enfermo me diga la verdad, es preferible a esta incertidumbre, a ti nada más he de decirte sin saber si vives o no. Dios mío que habré hecho yo para tanto sufrimiento, porque me dio un solo hijo para que tanto me haga llorar.*

*Pepe, como podía esperar esto de ti que sabes lo que haces.*

*Adiós, hijo, y esperando queda tu madre,*

*Leonor*

Esta misiva de D. Leonor es la más corta de todas y en ella expresa gran temor por la vida de su hijo, lo critica por su brevedad y no recibir carta de él, culpándolo de aumentar su sufrimiento. Percibe a todas luces lo ocupado que se encontraba el apóstol en su labor independentista. Martí explica en carta a Leandro J. de Viniegra: "Tengo largos días de sombras, que suelen durar meses…Me falta en ellos fuerza para llevar a la mano pensamientos" Pienso que Martí estaba enfrascado en la liberación de la madre mayor SU PATRIA y por esto demoraba tanto en sus epístolas a la madre.

## Quinta Carta

**Habana, 13 de noviembre de 1881.**

*Pepe hijo mío: Yo no sé qué pensar ya de ti, ni de tu sano juicio, ya no sé qué palabras emplear pa´ que comprendas todo lo que me haces sufrir con tu abandono para escribirnos, sufro por mí y sufro por los demás que esto ven, no te cuidas de si vivimos o morimos en días enteros, no contestas a ninguna carta por más que te lo suplique, no puedo creer que no las recibas cuando han ido con las direcciones que has dicho o con las de Mantilla, y prueba es de que llegan cuando Carmita ha contestado a una de tu padre, y anterior a esa, te escribió Manuel una certificada y todavía no sabe si la has recibido, ni reciben carta tuya ni de su hijo, esto no puede ser así y hay que tomar alguna determinación por muy mala que sea tu situación, no es motivo hijo para que no pongas dos letras y aún por esto mismo, es más necesario saber de Uds. Son muchos los juicios que me formo y todos muy tristes, esto no es vivir, ya hace más de un mes y medio, que te escribí para que me dijeras a que debía de atenerme con el compromiso que te habías impuesto para aliviar nuestra suerte y como nada me has contestado, fui a ver al Sr. Xiques y por si él había recibido alguna noticia, y me dijo que no, que él había extrañado que no fuera a cobrar y que, no recibiendo ninguna otra orden, estaba dispuesto a darme los otros 20 ps. Yo los cogí porque los necesitaba, pero con pena, pues pienso si no te será posible darlos ahí, acerca de esto háblame con claridad, este silencio tuyo me mata, no hay disculpa para esto, bueno o malo lo que te pasa quiero saberlo, los dolores que pases no por ignorarlos son menos para mí, pues al no saberlos es motivo para aumentarlos, me dices que, aunque no escribas te escriba yo, como es posible si no sé si recibes mis cartas, es hablar con un muerto. Ni sabemos si llegaron con bien de los baños ni obligas a Alfredo que nos escriba, se me oprime el alma al tener que decirte estas cosas, pero ya no sé qué pensar hasta pienso que en esa tierra se pierde hasta el cariño a los tuyos, pues en tan largos intervalos tantas cosas pueden suceder, que es imposible vivir sin saber que es de los seres más queridos.*

*La pluma se me cae de la mano, no sé ni lo que te escribo, ni sé si ésta tendrá la misma suerte de las anteriores, así es, que acabo aquí rogándote otra vez si la lees, no sea con tanta indiferencia como las demás, pues de lo contrario me harás dudar de tu juicio y de tu cariño, pues por trabajosa que sea tu vida no puede faltar un momento, para evitar esta angustia en que me haces vivir, o, mejor dicho, morir, a tu madre.*

En esta epístola, D. Leonor reitera su dolor y sufrimiento por la falta de correspondencia de su hijo, incluso llega a dudar de la salud mental de su primogénito al no escribirle. La angustia es el estado emocional que embarga su alma. En ella le ruega y suplica: "Pues por trabajosa que sea tu vida no puede faltar un momento para evitar esta angustia en que me haces vivir, o mejor dicho morir, a tu madre". Esta es una expresión desgarradora de D. Leonor, es evidente por sus cuitas y sus expresiones verbales, que más que aflicción hay depresión.

## Sexta Carta

**Habana, noviembre 18, 1881.**

*Hijo mío más activo que tú, ha sido tu amigo Fernández, él me ha contestado a unas letras que con la última que te mandé pidiendo noticias tuyas, afortunadamente a los tres días de haberla escrito, recibí una tuya, que, aunque tiene fecha 3 de octubre, creo que la escribiste 3 de noviembre por lo que en ella me dices.*

*Creo que es tiempo perdido las quejas que sobre este descuido para escribirme tienes hace algún tiempo, y yo debía acostumbrarme a él, pero esta vez era mayor mi zozobra, porque creí que alguna novedad había en el Príncipe, porque hace más de 2 meses escribió Carmen a Manuel, a mí, no me lo ha hecho, que el niño había estado malito. Él contestó y no habiendo recibido contestación, volvió a escribirle, pero esta es la fecha que nada sabemos de ellos, pero por lo que me dices, veo no tienen novedad particular y como esto solo te disculpaba tu pereza para escribirme, que me parece no tiene disculpa, pues ya tienes hijo y debes saber la angustia que se tiene al no saber si viven o mueren lejos de nosotros, tu debes sufrir esto del tuyo que no tiene conciencia del mal que te hace y que diré yo de un gran pensador, y hombre de juicio ¿Qué será no piensas lo que yo sufro?*

¿Con respecto a lo de gran pensador; te felicito por lo que de honroso tiene, pero te confieso que en esto soy un poco egoísta, y si quisiera pensaras menos en los demás para que te quedara más tiempo, para pensar en los tuyos que bien lo necesitan, bien sé que este pensar mío, no te gustará, pero ¡ay! Hijo, las amarguras y los años hacen pensar muy diferente. ¡Pensé hoy hablarte algo de tus hermanas para que no las culpes, pero al tocar esto, mi corazón se oprime y no puedo disimular mi dolor; sí Pepe, ellas pasan una vida muy impropia de su edad, y esto las desanima, necesitan alentarlas, yo hago todo lo posible, pero esto no basta, siempre temo que en la edad tan crítica en que están, lleguen a cansarse y esto las haga fijarse en alguna persona que no las merezca, pues aunque Amelia ha tenido buen juicio para desechar todo lo que hasta ahora se le ha presentado, que han sido nulidades, temo que pueda hacer otra elección como la de Carmen, que mientras más días pasan más lo siento, de Antonia no te digo nada, ella está más niña y no deja de tener mucho juicio, por el día que no estés muy de prisa escríbeles algo, ellas me dicen que no te escriben por que no quieren distraerte con tonteras que es lo que podrían decirte, pero no es eso, es que están desanimadas y desconsoladas; hace pocos días decía Antonia al acostarse después que vino conmigo de una visita donde oyó hablar de lo corrompida que está la sociedad *habanera, que hasta el Ateneo murió a palos, decía ella a sus hermanas, no voy a dormir esta noche pensando en lo que ha dicho ese hombre, me figuro que el mundo es un infierno y los hombres son demonios, esto me entristece, no voy a salir más para no saber nada. A mí me entristece porque ella es muy alegre de un carácter muy sociable y está muy graciosa.*

*A pesar de lo que te digo de Carmen no vayas a creer que hay nada nuevo, él dice que se está arreglando para casarse, pero yo no le oigo más que las buenas noches cuando entra, y las buenas noches cuando sale, pero ella se conforma, y nada he de sacar de esto.*

*Dios te libre de tener más hijos, y acabo por hoy pues estoy muy pesada. Me falta decirte que tu padre está muy pesaroso porque el 10 de este mes cumplió 66 años, de él y de todos abrazos y uno más grande de tu madre.*

*Leonor*

En esta carta increpa a su hijo de poco activo y descuidado para escribirle, además de perezoso. Hay que recordar la nostalgia de Pepe por la separación de su hijo. El maestro estaba entonces enfrascado en la confección del

"Ismaelillo", libro de versos que refleja el gran cariño que sentía por su hijo querido e inspirado en Ismael, el hijo del patriarca Abraham predicador también de su pueblo con la esclava egipcia Agar al no poder tener hijos con Sara.

Doña Leonor reconoce también en su misiva su egoísmo porque le gustaría que Pepe pensara menos en los demás y más en los suyos que bien lo necesitaban, es evidente que la matrona reconoce también sus defectos.

En relación con el novio de Carmen, utiliza una fina ironía cuando le expresa a su hijo que ella sólo le escucha dar las buenas noches a la entrada y a la salida, pero nada habla del casamiento.

En lo que respecta a Pepe le previene de no tener más hijos. No cabe dudas de la inteligencia de D. Leonor, un gran pensador debía valorar o comprender sus reclamos.

## Séptima Carta

**Habana, diciembre 23, 1881.**

*Quiero escribirte, y el sol se nubla; triste cosa es tener que alzar la pluma hasta que vuelva a lucir, pero, aunque con pena, lo haré para decirte que recibí tu última, ¿ves que cuando escriben llegan? Carmen escribió al fin a Manuel desde Nuevitas, pero nada dice de viaje, nada se le dirá tampoco hasta que ella hable. Te envío unas cuantas letras de tus hermanas, Antonia no quiere mandarlas porque ella conoce que están mal, pero yo quiero que se acostumbren a escribir algo para que vaya perdiendo el miedo y lo hará mejor otra vez, ella lee bastante bien, habla lo mismo, pero escribir no le gusta, bien es verdad que no tiene muchos ratos de ocio, pues también ellas van en el carro del trabajo todos los días 01 o 02 horas, y sólo el domingo respiran algo, y si no fuera así, como se comprendería nuestra existencia hoy en esta tierra tan ingrata para ciertos trabajos.*

*Se acaba este año hijo, tal vez recibas ésta a principio de enero, ese enero tan triste para mí, si hijo no olvides que el 6 de enero hace 7 años quiso Dios arrebatarme a mi linda Ana mi ángel más bueno en ese mes cumples 29 años el día 28, no. 29. También el 9 de él cumplirá tu hermana Amelia 20 años y a esta edad le temo, no porque ella deje de ser bastante juiciosa,* sino porque el alma desea algo y suele ser más blanda: triste misión las de las madres siempre temiendo, afortunadamente ni ella ni las otras conocen la ambición a los lujos de la vida, ellas siempre han vivido contentas con sus muchas privaciones, y solo se desaniman al ver el poco aprecio que hace el mundo de la desgracia.

Más que tú Pepe, siento yo, no hayas podido servir a Manuel en su encargo, él con nosotros es bueno, hoy si no fuera por él tendría que hacer las faenas más pesadas de la casa, pues a Vicente lo tuvimos que despedir, casi ciego ya quería ganar mucho, y él me ha mandado un moreno de los fosos, que, aunque bruto, es media vida para mí que ya estoy poniéndome achacosa y además mi ceguera que me inutiliza mucho. Así que es menester que con algo se premie su buena voluntad para todos, hijo tú sabes hacer esfuerzos para cosas mayores, si yo hubiera podido ya lo tendría, pues he visto aquí un anuncio de un joven que yo conozco, y que está establecido ahí como agente y se llama Andrés Sar y Álvarez, es sobrino de Federico Gálvez y como yo conozco esa familia, por ella le hubiera hecho el encargo, pero me falta lo principal, este Sor. Sar, te conoce el me habló aquí de ti, he olvidado la dirección de él, pero en la librería de Néstor Ponce lo conocen, si le ves, y por él es más fácil el encargo no dejes de hacerlo que no todos tus cuidados han de *ser exclusivamente para tu mujer, y hay que vivir con los demás también, no te incomode esta claridad, pues la creo necesaria.*

*Concluyo por hoy tendrás que decirme cuándo hemos de esperar a Carmen si es que viene pronto ya que ella nada dice, tú sabes que nuestra buena voluntad es siempre la misma en todo lo que podamos serle útil, lo mismo me ha dicho la chata que quiere saber con certeza si venía a parar a su casa, que para ella está siempre abierta.*

*Chata está gruesa, pero siempre padece, no está fuerte como necesita para lidiar con 3 toritos, que pa' lo que te dé que hacer el torito tuyo que es de los más bravos, sabrás la batalla que dan esos 3 y afortunadamente hoy viven sin necesidades pues les paga el colegio y están decentes, esta es hoy mi única satisfacción.*

*Acabo y me da pena no decirte nada de tu padre, pero siempre te he de decir lo mismo, está sostenido con el espíritu. Adiós y un abrazo de tu madre.*

*Leonor*

## Octava Carta

**Habana, 9 de enero de 1882.**

*Hijo mío:*

*Ya estamos en pleno año nuevo Dios quiera que sea más feliz para todos; aunque yo visto tu resolución, no espero mucha; si hijo, tu última me acaba de convencer, que todas mis esperanzas deben concluir, supuesto, eres lo más seguro establecerte ahí, y como yo ahí no pienso ir, ni si algún día pudiera ir; tendría ya para mí la vida nada de agradable; porque si tanto te he dicho siempre que debías moderar tus ideas, por amor a los tuyos, y porque así creía yo debía esperarlo, por nuestra triste situación y por las muchas penas que tan pronto empezamos a sufrir, esta protección y amparo que de ti esperaba era porque consideraba que la necesitaban tus hermanas, porque ni la situación de tu padre ni su carácter podían dársela, pero ya mi ambición se acabó, si ambición pueda llamarse el desear una madre la mayor felicidad para sus hijos, pues para mí no necesito nada, vivo con muy poco, y ellas ya no alcanzaron este amparo pues habrá pasado la edad oportuna para fijar su porvenir, que quizás con otra clase de trato y algún poco de viso ya que el mundo lo aprecia así, tal vez digo lo hubieran fijado de otro modo, pero sea lo que Dios quiera. Ellas ya van en camino de fijarlo. Carmen no tardará*

*mucho en casarse pues no lo han hecho ya, porque como tiene ella que hacerse*

*su ropa blanca y es tan poco el tiempo que para ello tiene es solo los domingos,*

*y él todo lo tiene que comprar; pues nosotros nada podemos darle, esta es la*

*causa de la demora, y Amelia también parece que ya fija la suya, pues la ha*

*pedido un joven que conoció en Marianao un día que Carlos la llevó al*

*bautizo de su sexto hijo, ese joven aunque es amigo de allá ella lo oyó elogiar*

*como muy formal y amante de su familia, es hijo de Marianao y allí tiene*

*familia pero trabaja aquí en una casa de comercio, tiene 24 años su figura*

*no es una gran cosa, pero su trato es formal y no es de los adocenados parece*

*que tiene amor al trabajo y es estudioso, yo es verdad que hubiera deseado*

*algo más para ella pero a ella le agrada y le hemos dado la entrada en la casa,*

*pues conozco que necesita un apoyo en la vida, ellas no pueden vivir mucho*

*tiempo más así, no hay naturaleza que resista esta vida muchos años en este*

*país, además cuando Carmen se case ellas dos no pueden hacer lo que hoy se*

*hace, tendremos que dejar la casa y reducirnos a un cuarto que persona de*

*algún viso irá a mansión tan triste; así, es que no hay más remedio que*

*conformarse; y no me quedará más que mi chiquita mona, Dios tenga piedad*

*de ella; triste cosa es esta pero necesaria, ya el apoyo de su padre es  muy débil y necesitan alguno; por eso es que te decía que si algún día podías prestárselo ya será tarde, la juventud de la mujer es muy corta, y supuesto que tus deberes y compromisos te impide darles ese necesario apoyo en la más crítica edad, no te ocupes en un porvenir que llegará tarde, y me haré el cargo que he tenido una ilusión que se ha desvanecido dejando mi alma muy lastimada y tú eres dueño de seguir el camino de tu gusto que es el que siempre has seguido sin que mis consejos y súplicas hayan logrado, sigue tu camino cumple con tus compromisos supuesto que son primero que nosotros, bien seguro que no te he de molestar más con mis reflexiones.*

*Muy inútil me muestro pero tengo mucha confianza en Dios que no nos abandonará; mucho consuelo será para mi pasar los últimos días de mi vida a tu lado pero como podría hacerlo separada de los demás, ésta es mi desgracia yo no podría vivir separada de todas mis hijas, cuando por uno solo he sufrido y sufro tanto, sé que estas cosas te lastimarán el alma pero ha llegado la hora de decir toda la verdad, supuesto que tu revelas la verdad de tus resoluciones que tan triste son para situación tan crítica de nosotros, y fijándote bien en ellas creo que no te parecerán duras mis palabras. No hemos tenido más cartas de Carmen, y no sabemos cuándo vendrá, siempre será bien recibida, y me duele lo que me dices de picaduras de alfiler, no me acusa la conciencia de haberlos empleado, y solo mi alma si ha revelado alguna vez*

*dolor, pues yo no considero como tus niñadas a los 29 años y cuando se tiene*

*talento superior y el don de entender a las personas.*

*Acabo ya esta carta que contra mi voluntad esta importuna, las otras*

*serán menos confidenciales y por eso aprovecho ahora que tu sólo serás el*

*depositario de mis interioridades, y acabo deseando que el frío no te moleste*

*demasiado pues por un poquito que ha hecho aquí estos días considero lo que*

*será ahí, pero al fin ya te aclimatarás ya que así lo quieres, y lo que siento es*

*que le toque al chiquitín algo de él este año. Las muchachas esperan tu*

*respuesta, exígele a Amelia te diga algo de su prometido, y los abrazos de ellas*

*la bendición de tu padre y la mía hasta otra,*

*Leonor*

Se trata de unas de las cartas más largas que D. Leonor le escribe a su hijo. Comienza el año 1882 y ella mantiene la esperanza que sea un año feliz para todos. Su religiosidad y los valores que acompañan a esta: fe y esperanza, aún se evidencian en ella aunque en forma dubitativa.

Como conoce bien a su hijo, sabe que él no abandonará la causa independentista. El sufrimiento de esta madre es cada vez mayor, su obstinación está presente aún: "porque si tanto te he dicho que debías moderar tus ideas"…, cada día que pasa hay mayor pesimismo: "pero ya mi ambición se acabó".

Ella está convencida que su hijo no va a cambiar sus ideas de ver libre a su patria, aún tiene resignación: "que sea lo que Dios quiera". Comprende la regia personalidad de su hijo pero quisiera que se ocupara más de la familia, de sus hermanas, de su padre, del sustento de los suyos. Pero al final acepta su causa aunque a regañadientes: "y eres dueño de seguir el camino de tu gusto que es el que siempre has seguido"…

En D. Leonor se evidencia su estoicismo y austeridad. Ella se siente cada vez más inútil, aunque sin perder la confianza y la ternura para con su hijo. Aunque está presente el amor por su hijo, pero por sobre todas las cosas está el amor filial por toda su familia: "mucho consuelo será para mí pasar los últimos días de mi vida a tu lado, pero como podría hacerlo separada de los demás…".

La madre del apóstol muestra amargura porque quiere mucho a su familia, sabe que pronto perderá a su esposo y sus hijas quedarán desamparadas pues no tendrán la protección de un hombre que bien pudiera corresponder a su hijo mayor quien está ausente.

Le reprocha a su hijo la intransigencia de su conducta independentista y a favor de Cuba pues considera que el primer deber del mismo debiera ser por su familia. Considera importuna la carta porque sabe la fortaleza de sus reproches, pero quien mejor que su hijo para recibir sus confidencias. Hay que recordar que Martí fue desde niño su confidente y el gran depositario de sus cuitas.

Señala que en lo adelante sus cartas serán menos confidenciales. Unos de los rasgos de la personalidad de D. Leonor son la sensibilidad y la desconfianza, o sea rasgos sensitivo paranoide que se evidencian en esta misiva. Confía mucho en su hijo pero no tanto en otras personas: "exígele a Amelia que te diga algo de su prometido…".  Hay que tener presente el contexto de Cuba en el siglo XIX y el papel que el

hombre jugaba en ese entonces en el hogar.

## Novena Carta

**Habana, 25 de enero 1882.**

*Hijo mío:*

*Recibimos tus últimas cartas y yo quería haber contestado el sábado,*

*para que supieras que Carmen no había llegado todavía, como te figuraba,*

*ni ha llegado aún; ella escribió a Manuel, pero no dice el día que saldría de*

*allá, estamos esperando otra carta en que lo diga.*

*Te decía que no pude escribirte el sábado, porque estaba en cama,*

*estoy mejor, pero, no buena, pues estoy sufriendo unos dolores en las piernas,*

*como reuma que hace tiempo venía reinando pero yo creo, que pasaría, y no*

*quería hacer caso, pero me cayeron fiebrecitas, que aunque lentas, me han*

*debilitado, pero ya han pasado, y solo los dolores en las piernas me mortifican,*

*pues no puedo ni trajinar ni salir; de esto último, te alegrarás tú, para que*

*no haga más visitas como las que tú me críticas, pero bien sabe Dios hijo que*

*yo no deseo ni ver a nadie, pero si tu hubieras sufrido la angustia que yo, en*

*aquellos días hubieras hecho lo mismo; yo sabía que ellos te conocían y hacía*

*más de un mes, que yo no veía letra tuya, yo pensaba si estarías enfermo o*

*muy preocupado, pues aunque tú dices que nada adivino, no es así, y siempre*

*temo a las necesidades que puedas sufrir en tierras extrañas, yo quería saber* algo más de lo que sabía y mi visita estaba disculpada con lo que le dije a esa Sta., que mi angustia era grande, y temía algo, porque tú no acostumbrabas a dejar de escribir a menudo, creo que con eso estaba salvado tu natural orgullo de buen hijo.

No puedes figurarte, el dolor de mi alma al saber lo poco agradable de tu situación y Dios te de fuerzas para llevar la carga que le has echado sin estabilidad en nada, yo creo que mientras tu no sueltes los papeles de los periódicos, tu suerte no variará y siempre le pido a Dios te dé otro elemento de vida, en que se aprovechen mejor los años. Y a propósito de años, dentro de tres días cumplirás 29, me resigno, pero no me conformo a que con esa edad con tantos elementos de vida sufras tantas angustias, y que mis muchas reflexiones nadan hayan podido con tu destino, pero valor, y adelante, que con salud y buena voluntad mucho se vence, y eso es lo que siempre pido para ti y cuando más sufro, cuando creo que tu cuerpo pueda quebrantarse al peso de tanto disgusto.

Carmen te envía esas letras, que son su retrato. Amelia y Antonia un abrazo no más, pues todavía no te han contestado, están meditando. Tu padre siempre con catarro, de las madrugadas que hace, como siempre; y dos abrazos fuertes de tu madre.

En esta epístola  D. Leonor le expresa que recibió las últimas cartas del hijo, supongo que fueron varias, le habla sobre sus dolencias es una carta consoladora aunque sin dejar de manifestarle sus críticas y sus angustias por la labor independentista que ella ve como cargas que el maestro se ha echado encima, sin embargo lo alienta, le brinda apoyo, y le desea valor para seguir adelante, no deja de comunicar con cierta hilaridad su ironía para con sus hijas Amelia y Antonia por no escribirle a su hermano: " están meditando"….

## Décima Carta

**Habana, 9 de febrero de 1882.**

*Hijo mío:*

*Mucho dolor sentí al leer tu carta última, y poco pensé contestarte, pero tanto te quiero decir que es imposible te lo diga en poco.*

*¿Con que te incomodas hijo, por un poquito de verdad nada más que te digo, no comprendes que yo no puedo mirar con sangre fría, esa resolución tuya de seguir viviendo ahí, hasta sabe Dios cuándo? Sí que estoy convencida que no harás más que quebrantar tu salud y gastar tu vida estérilmente, pues no comprendo que idea tiene ya tu peregrinación hoy que toda persona de juicio confiesa que solo el tiempo y la mucha prudencia con algo de inteligencia puede remediar algo la situación, y convencidos de esto, llegan cada día personas a mirar por su porvenir y no por consecuencias vanas con las que en la hora de desgracia en vez de auxiliarlos, los critican?*

*Ya es hora de que mires por ti y por los tuyos, todos dicen que ya no hay aquí los peligros de antes, yo preferiría verte hijo errante a verte expuesto, pero si lo que dicen es verdad, y esto lo puedes saber tu dirigiéndote a alguna persona que te inspire confianza aquí y te diga si no corres peligro viendo la indulgencia que ha de reinar en todos, y si esto es verdad, ¿qué te* detiene hoy? Me ayuda a hacer estas reflexiones una carta que hemos recibido de Carmen cuando la esperábamos por momentos; ella dice que no vendrá tan pronto como pensó, porque no se encuentra bien de salud, y sería un disparate, el ir a originarte gastos de curas en la situación tuya ahí, y además cree que lo que pueda detenerte ya ahí no es más que un exceso de miramientos que debes hacer por vencerlos en bien tuyo y de todos. Más que un exceso de miramientos que debes hacer por vencerlos en bien tuyo y de todos. Yo creo que en esto tiene razón, y sin ofuscación piensa bien, ¿a quién aprovecha tu martirio? Ella dice además que llegando tú solo, te verás libre de los gastos de una casa, que ella puede dar a su estancia allá por algún tiempo razones buenas hasta que estés en condiciones que pueda venir a tu lado sin que te veas en aflicciones. Ahora hablo yo, porque sé que dirás; y aunque este sea posible así, como he de ir tan pobre y sin poder ser útil a nadie. Desecha hijo esas ideas y piensa que todos los que te aprecian es por lo que tu valgas, y que todos saben que eres pobre y lo es tu familia, y lo extraño sería verte establecer con lujo. Es verdad que tus padres son pobres, pero todavía tienen un hogar que, aunque modesto muy digno, en que recibirte y donde no te faltará un pobre y limpio lecho en que descanses tu dolorida cabeza hasta que se te vaya presentando trabajo que no es posible que te falte aquí y con calma puedes arreglar lo demás. A esto se que dirás, ¿y como he de ir yo a mi casa, donde se trabaja tanto como he de ver yo esto con calma? Pero piensa hijo que estando tu ahí, se trabaja lo mismo, y así hemos vivido y lo mismo viviremos hasta que esta situación varíe de un modo o de otro.

Créeme, hijo, deja escrúpulos bobos, mira por tu salud, que yo sé está quebrantada, que sean los tuyos los que te cuiden si te enfermas, que tengan el consuelo de tenerte a su lado estos espíritus tan cansados de sufrir, piensa bien lo que digo y contéstame, si para tu seguridad, quered que yo hable con alguien aquí, o entérate tú por todos los medios dignos, pues es deber del hombre mirar por los suyos sin que esto te degrade en nada.

No sé si entenderás estas letras, pues apenas veo lo que escribo, y mi pulso está muy mal, todavía estoy sufriendo dolores en las piernas y me ha caído una gran debilidad en todo el cuerpo que parece que tengo 80 años, pero Dios querrá que esto pase y vuelva a ser la mujer fuerte de antes y para esto es menester que también se tranquilice el espíritu y algo has de poner de tu parte.

Ya que nos quedamos por ahora con las ganas de ver a Pepito, es menester que venga Ismaelillo. Las revistas que me dijiste hace días que me mandabas no llegaron, las obras las tiene Carmen.

*Nada más por hoy, contéstame pronto, y con mucho juicio, pues, aunque yo sé que tú lo tienes de sobra, algunas veces suele oscurecerlo un excesivo amor propio o exceso de delicadeza. Adiós y con los abrazos de todos recibe uno muy fuerte de tu madre que no se incomoda y desea tu bien.*

*Leonor*

## Decimoprimera Carta

**Habana, mayo 5 de 1882.**

*Hijo mío:*

*Con asombro leo en tu carta del 29 del pasado, que no habías recibido ninguna mía, yo te escribí desde el 20 a esa fecha y debías haberla recibido; en ella te decía que había recibido los libritos, y también con unas letras de Antonia y Amelia que hacía tiempo tenía escrito.*

*Me apresuro a escribirte hoy para darte las noticias que tengo de Carmen, aunque creo que ya habrás recibido carta de ella; la que hemos recibido ayer es del 1º. de mayo, y nos dice que aunque todavía está mala, ya está mucho mejor; y por lo que dice realmente ha estado grave, pero aunque ha tiempo escribió que estaba mala, yo no creí fuera cosa de peligro, porque  como su carácter general es algo enajenado, porque cuando estaba aquí y tenía cualquier ligera indisposición, escribía a su familia que se estaba muriendo; de todos modos doy gracias a Dios de la mejoría, y me parece que el viaje que dices sería un gran disparate bajo esas condiciones, y de no venir con entera libertad y sin riesgo de ninguna clase, prefiero pasar por el dolor de no verte, y si te lo aconsejaba en una de mis últimas cartas me hacen ver que sería un disparate ese viaje, y que causándote mucho trastorno nada remediaría, así* no queda más remedio por ahora que sufrir todas las contrariedades que se presenten.

Te decía en mi carta que algo faltaba con los libritos que me mandaste, pero ya leí el artículo con detenimiento y veo que todo está en él: era que solo lo había hojeado porque Chata estaba aquí y se los llevó, pero ya veo que te desean muy buenas cosas; Dios nos dé salud para verlas cumplida, yo estoy un poco mejor no sé si llegaré allí. Las muchachas están muy contentas con Ismaelillo; Chata espera el suyo, ella te ha escrito hace poco. Alfredo dice que Pepito está acostadito en las hojas y que sale de la concha, él está ya un hombrecito, y los otros también están crecidos; no están muy atrasados pues los tiene a los tres en el colegio cerca de su casa que tiene Baltasar Muñoz y su Sra. Ellos se esmeran y han adelantado en poco tiempo. No dejes de decirme si has recibido mi carta última. Adiós, hijo, nada hay de nuevo, tu padre no se determina a decirte nada, cree decir más callando. Abrazos de tus hermanas, y uno con toda el alma, te manda tu madre.

*Leonor*

# Decimosegunda Carta

**Habana, 26 de mayo de 1882.**

*Hijo mío:*

*Recibí tu última carta en la que veo no has recibido la mía en la que iban*

*las de tus hermanas; yo mandé que miraran las listas atrasadas por si acaso*

*no había ido por falta de más sellos, por tener más volumen, pero no estaba, y*

*allí dijeron que, aunque no hubiera tenido sello, iría a su destino.*

*De veras siento no hayas recibido esas cartas, por así no te quejarías de*

*que no te dicen nada de sus amores, Antonia nada tiene que decirte aun de*

*esto; pero Amelia te hacía en la suya una larga relación de los suyos, y de los*

*motivos que le han hecho aceptar este; era una carta muy juiciosa y larga y*

*por eso te la mandé aunque atrasada, pues estaban escritas desde febrero,*

*pero como estuviste 2 meses y medio largo sin dar señales de vida, ellas no*

*fueron a su tiempo: también Carmen te escribió anterior a todo esto, y ni una*

*palabra le has contestado, es verdad que como tus cartas son ahora de última*

*hora, no contestas a nada, es un buen sistema.*

*No puedo escribirte hoy mucho, ya ves que no tengo pulso, estoy mala, los*

*dolores que hace meses estoy sufriendo se han aliviado algo, pero con un poco de humedad que se ha presentado estoy muy mal; pero nada de esto debía decirte, pues en todo el largo tiempo que estoy sufriendo, ni una vez por cumplido siquiera, me has preguntado si sufro menos, pero de todo esto tiene la culpa la maldita última hora que no deja pensar en nada. Chata recibió tu carta y Antonia y Amelia dicen que te escribirán; tu padre es el que dice que bastante sabes tú de el para que tenga necesidad de decirte algo más, porque como tiene mal humor no sabe escribir nada bueno, y con respecto a su lenguaje de novio, aunque no es muy expresivo no le faltaba modo de dejarse entender; porque entonces era otro hombre.*

*Chata no ha recibido su Ismaelillo, ¿no habrá para ellos? Y luego quieres que esté yo contenta con las letras.*

*De Príncipe nada más hemos sabido, de allá me deben carta, cuando no escribas a última hora dime lo que pasa de su salud y del niño.*

*Cuando pongas el sobre pon 194 y no 92, pues, aunque el cartero me conoce y siempre las trae, puede venir otro más torpe, esto va con la dirección que mandaste a Chata, Dios quiera no haya más extravíos.*

*Adiós, hijo, que no puedo más pues hasta el sol se niega a darme su luz, está nublado como el alma de tu madre q. solo puede mandarte un abrazo.*

*Leonor*

## Decimotercera Carta

## Julio 21, 1882.

*Hijo mío:*

*Ayer he recibido tu última carta; y escribo hoy para cumplir mi promesa y ya creo hayas recibido la que fue el sábado pasado.*

*Mucho me ha afligido tu carta pero, pero por lo mismo que sé cómo está tu alma, es por lo que no vivo cuando me fallan tus cartas, si tu vida fuera alegre y desahogada no las desearía tanto; pero es menester hijo, tomar las adversidades con un poco de calma, no ha de durar siempre la mala suerte, tú eres joven aun y hay que combatirla; y con la edad, y la experiencia que ella trae, van cediendo algo esa rigidez de carácter que tan desgraciados nos hace a todos, y tanto te hace sufrir; yo confío en Dios, que alguna variedad ha de sufrir esto, y haga más fácil la conformidad con las situaciones irremediables. De tu Ismaelillo, algo que te dije creo fue en la carta que se extravió; que quieres que te diga si esta es la cuerda más dolorosa de la guitarra del alma: de verdad no entiendo, para mi está escrito en prosa porque está escrito en realidad. El de Chata todavía no lo ha traído el cartero.*

*Antonia se ha incomodado por lo que dices en tu carta, dice que te va a escribir una muy dura para que no vuelvas a escribir esas cosas; esta graciosísima Dios la proteja, hasta ahora se ha sabido librar de nulidades. A Carmen le contesté ya su carta, desmintiendo lo del viaje a España; estas noticias parecen son Leopoldina, pues ahora vive aquí. Amalia con su marido que ha pasado a esta capitanía general, yo no los he visto, pero él visita mucho en casa de su abuela, la que está enferma, y se hace el necesario; un día que fue a verla, allí fue también la noticia del viaje a Méjico, no sé qué misterio encierran estas noticias falsas, tu dirás si ha habido algún motivo para ellos; pues con respecto al viaje a Méjico, muchas veces he pensado que si es verdad lo que me dicen que Rosita se interesa tanto por la suerte de su hermano, bien podría su marido, hoy con tantas empresas allí proporcionarle un destino allí, que pudieran Uds. reunirse ya que ese clima sería bueno para Carmen y que allí no se necesita mucho para vivir con decencia; pero yo no comprendo estas protecciones, de apariencia nada más, yo estoy segura que el día que tu tengas ocupación seria y productiva se acabarían algo las tristezas, y más teniendo tu hijo a tu lado. Adiós por hoy que el sol se nubla y no veo, tampoco vi el papel que está al revés.*

*Tu padre fuertecito por ahora más que yo, tus hermanas te mandan un abrazo hasta que te escriban, y yo un fuerte regaño para que no estés tan caviloso que este mundo no lo arregla nada, y es preciso tomar las cosas con resignación que la vista es harto corta y es doloroso pasarla tan triste; ánimo pues y un abrazo de tu madre.*

*Leonor*

# Decimocuarta Carta

## La Habana, 15 de octubre de 1882.

*Pepe:*

*Hace días que quiero decirte algo de lo mucho que mi alma reboza y me ahoga; pero con la esperanza cada día de recibir carta tuya, lo dejo para el siguiente. Vana esperanza, vapores llegan a esta todos los días, y para mí no traen nada. No me quejaré ya más, estas cosas no se imponen, solo te envío adjunto la fecha de tu última carta. Examina tu conciencia y dime si esto es justo, o es que ya tu familia se encierra en tu mujer y tu hijo, si a nadie tienes que guardar consideración.*

*Mucho he llorado estos meses, pues creía que algo malo te sucedía, pero he oído que personas que han llegado de esa dicen que te han visto que están Uds. buenos y sanos, puedes comprender lo agradable que será para mi tener que indagar de extraños si viven o mueren, pues ni tu padre político ha tenido la necesidad de vernos en su paso por esta, solo que Uds. lo despidieron en el muelle por lo que veo estaban en todas las facultades de razón, y no se te ocurría ni un mero recuerdo. Esto hijo me hace tanto daño, que no habrá palabra ya que pueda curarme, ni como creer en ellas ya, si el desencanto es horrible, no necesitas saber de nosotros supuesto que a tres días de distancia no tienes lugar de escribirnos, y tengo que contestar a los que me preguntan si he recibido carta de mi hijo, no, esto no sufro confesar que este hijo es un ingrato, me avergüenza confesarlo, y te disculpo, pero mi corazón se despedaza.*

*No sé si recibirás esta pues me han dicho que te has mudado otros lo saben y yo no.*

*Carmen también se porta mal conmigo, ella me prometió escribirme a menudo y no lo ha hecho desde julio, ella ya es madre y no comprende los sufrimientos de otra madre que ya está cansada de sufrir, y que tal parece que el mío a quien ha dado el ser, es el encargado de acibarrar toda su vida acabando de nublar sus ojos para siempre, pues no pueden estar nunca secos. Dios te perdone hijo todo el mal que me hace, y por ti le pido a todas horas, y porque te conserve tu hermoso hijo, y no te castigue en él lo que con tu abandono haces sufrir a tu*

*Madre*

# Decimoquinta Carta

**Habana, 9 de julio de 1883.**

*Hijo mío:*

*Quiero escribirte unos renglones para que sepas que he recibido tu última carta; pero he cambiado de puesto 2 o 4 veces y no veo, lo que me entristece mucho, pues no me gusta que nadie me escriba.*

*Se recogió el bulto enseguida que recibí la carta, pero aún no se ha mandado porque quiero ver si por algún conducto puede ir seguro antes de recurrir al expreso, porque son muy tiranos; pero si no hay otro medio pronto, ira por él. También recibí la América de junio y se me olvidó decírtelo en mi última carta. Yo he leído que Tejera está encargado de esa publicación y en el tiempo que ha permanecido aquí, últimamente, deseaba hablarle para saber algo de alguna vez, pero como tú a nadie le encargas una visita para nosotros, no quise solicitarlo, y cuando se fue me dio mucha pena de que no te pudiera decir que nos había visto. Periódicos no me he tomado interés porque te los manden porque creo los leerás ahí todos. Por acá la gente muy desanimada, Dios nos salve, pues el nuevo alcalde trae a la gente locas con el desmoche de empleados, y Manuel aún no está seguro en el destino: así es hijo que todos son disgustos por todos lados. Alfredo es el que está contento con una medalla que se ganó por premio de inglés en una sociedad que va por las noches a dar clases, y dice que pronto te escribirá.*

*Los demás todos disgustados, pues todo se presenta cada día peor y sin probabilidad de que mejore. Me alegro mucho de los adelantos de tu hijito, y cuando me escribas mándame un pedacito de sus cartas para ver su letra y explica algo la esperanza que tienes verlo pronto, si solo o acompañado, y si pasa por aquí no se cometa la infamia de la última vez, pues creo que tengo derecho a verlo.*

*No puedo más adiós, memorias de todos, y que venga pronto ese retrato prometido, para desmentir lo de la melena, y deseándote mucha salud se despide tu madre que te desea toda la felicidad.*


*Leonor*

## Decimosexta Carta

**Habana, 20 de junio de 1884.**

*Hijo mío:*

*¡Recibí tu carta; y ya está aquí tu padre; llegó el jueves temprano, José y Manuel, lo fueron a buscar al vapor.*

*¡Ya está aquí hijo; ¡Dios no nos abandonará; no se fue con mi gusto, valdría más que no hubiera ido que algunos disgustos hubieras evitado, pero ya no tiene remedio.*

*Sé que no estás muy bien de salud, cuídate, mira que es toda tu riqueza, esto y Alfredo son mis mayores cuidados, dime pronto si ya está bueno.*

*Carmen está esperando por momentos salir de su cuidado, ruega a Dios la saque bien.*

*Te escribo aturdida aún, pero no quiero que dejes de saber por este correo que tu padre llegó bueno, y el viaje fue regular, pues tuvieron 2 días mal tiempo, pero ya está más animado, con el espíritu de siempre.*

*Mucho desconsuelo nos ha dado el no haber recibido ningún retrato de los niños, pero los esperamos cuando Alfredo esté bueno y tu puedas.*

*Nada más tengo que decirte hijo del alma, vela todo lo que puedas por esos niños y ahora que tu padre no está, no descuides tanto en escribirme. Por acá lo mismo todos, y esperando siempre algo, pues todos dicen que esta situación no puede durar mucho más.*

*Adiós, hijo, que otro día que tenga mi cabeza más fresca te escribiré más largo, aun sea para ti un rato perdido al descifrar mi jerga, pues bien sé que tus ocupaciones hoy son muchas, pero todavía no pierdo la esperanza de que antes de morir te vea reposar algo, y más cerca de nosotros, para poder cuidarte algo.*

*Recuerdos de todos, y un beso con la bendición de tu madre.*

*Leonor*

# Decimoséptima Carta

**Habana, 25 de noviembre de 1885.**

Hijo mío:

Recibí tu carta el día 19 y el 20 José se hizo cargo de recoger el bulto y lo remitió ese mismo día para el Príncipe por el Expreso pues salía vapor allá, de modo que lo más tarde el 23 recibiría el niño el juguete.

José escribió a Carmen como lo había de recibir, y que diga si lo ha recibido, no sé si lo hará. Cuando recibí tu carta, estaba pensando si con la entrada del invierno habías enfermado, por hacía dos meses no habías escrito, no te descuides tanto hijo, pues nunca falta un lugarcito.

Por acá nada, nada agradable tengo que decirte, pues desde el 1º. de este mes, tu padre se halla en cama, como tú sabes ese día es su cumpleaños; y sacó su ropa para componerse, como siempre lo hace, pero no tuvo ánimo más que para vestirse de limpio para ir a almorzar a casa de Chata q está 2 cuadras de aquí; desde ese día solo se levanta  algún rato al sillón, pues es tan grande la debilidad que le ha caído en las piernas que no puede caminar, y yo me he asustado porque le dan unos calambres tan fuertes que temo se vaya a paralizar; la boca también la tiene mala y no puede tomar más que leche, que a él nunca le ha gustado pero el médico le ha dicho que no coma sopa.

Este médico es Arango, pues yo le hablé y él lo ha venido a visitar con mucho cariño y me ha dicho que lo asistirá con mucho gusto, pero su enfermedad ya no tiene remedio y sólo trata de aliviarlo.

El pobre está muy triste pues se encuentra muy flojo y no puede dar sus paseítos que eran su vida, ya ves hijo lo triste que es esto y nos tenemos que conformar con todo lo que Dios nos manda.

Los demás de la familia todos están buenos, Pepe, no dejes de contestar su carta a Joaquín, me darías un gran pesar con esto, y se lo darías a él que lo está mucho con tanto tiempo que está sin colocación y mirando por donde puede hacer algo útil.

Adiós, hijo, y escribe pronto a tu madre que te abraza,


*Leonor*

## Decimoctava Carta

### Habana, marzo 9 de 1887.

*Pepe:*

*¡Hijo mío; recibí tu carta y por primera vez no sé qué decirte; y mucho quisiera decirte; pero por ahora no puedo, aunque he dejado pasar muchos días. Confórmate hijo, con saber que tu padre bajó a la tumba sin que le faltara nada de lo necesario, y todos sus antojos de viejo niño fueron satisfechos; sí, Pepe todos se han `portado muy bien; y entre todos sus hijos le han dado sepultura muy decente y por 5 años tiene asegurado su pedazo de tierra, dentro de esa fecha quien sabe que sucederá también se le pondrá esta semana una buena cruz que José ha tenido la paciencia de hacer a ratos recordando el oficio de ebanista que aprendió con perfección en sus primeros años: le ha hecho un óvalo todo el marco grabado a pulso, las hojas de laurel y pensamientos, los que entienden de esto dicen que tiene mérito.*

*¡Dios quiera hijo que tu puedas verlo antes que se ponga viejo; sobre esto sé que te escriben, tú lo pensarás con madurez, porque hemos sabido que no andas muy bien de salud y esta es, primero que nada.*

*Ha caído un borrón mayúsculo, pero así va porque me cuesta ya mucho poner esos garabatos. Ya tienes otra sobrina, Carmen dio a luz una niña el 20 del pasado mes, y parece increíble, que naturalezas tan débiles den hijos tan robustos, ¡es de las criaturas más hermosas que he visto nacer; ella ya está restablecida, esta es la ley hijo, unos se van y otros vienen.*

*No me extiendo en más pormenores por lo que te he dicho antes, y porque si José te escribe lo hará con la cabeza algo más fresca.*

*¡No me tengas esperando respuestas meses como sueles hacer; dime la verdad de tu salud que el silencio no dice nada.*

*No te mando la lucha en que se habla de ti, con motivo del casamiento de Párraga, porque considero que la leerás ahí, este es el hermano del novio de Marta Luisa, la hija de Asunción, por la recién casada saben allá de ti.*

*Nada más por hoy, un abrazo de todos tus hermanos, y todo el cariño de tu madre.*

*Leonor*

## Decimonovena Carta

**Habana, 15 de junio de 1887.**

*Hijo mío al fin llegó carta tuya, ya era tiempo: ¡te empeñas con que me conforme con esta tardanza; eso no puede ser, no es soberbia como dices, no, es disgusto profundo que me causa el que un día y otro me pregunten tus mismos hermanos, ¿ha escrito Pepe? No. ¿ha llegado carta? No.*

*Los que no te han tratado qué quieres que piensen: además sé yo, en parte adivino la causa de tu continuo disgusto, no por eso puedo dejar de pensar en un accidente cualquiera que te lo impida. La causa principal que me pones ya no tiene razón, pues si antes, como te había dicho, tenía la obligación de pagar, yo me encuentro muy torpe para viajar ya, por la escasez de vista, ¡aunque gracias a Dios todavía me hallo muy fuerte para recibir cualquier contratiempo! Pero yo lo que más deseo es que tú dejando algunas ideas y despreocupándote de los imposibles, fuera posible tu existencia aquí, esta esperanza es la que rehace vivir conforme esperando mejores tiempos. Tus hermanas, sus hijos y esposos todos buenos.*

*Tu hijo me dice que te escribe ya con su letra. Alfredo está ya un hombre, y siempre bueno, pero todavía no ha sido posible colocarlo en nada. Esto está mal, cuando los hombres del mérito de Joaquín no encuentran y eso pidiéndolo en la casa en que trabaja. Manuel se ha portado muy bien, él voluntariamente dispuso que tu buen padre se tendiera en su casa para que este triste acto fuera más decente, y todo ha sido igual, yo esto no lo olvidaré nunca y me hará olvidar otras pequeñeces de carácter.*

*Esto hijo mío, aunque triste te lo digo porque vivo en su casa y es justo que nos mostremos agradecidos.*

*Con respecto a lo que me dices de los proyectos que te habías formado para mi viaje este verano, no te niego el grande placer que para mí hubiera sido, pero considera que  además de ser gastos excesivos la habitación y algunas veces me veía apurada, hoy no la tengo y puedo esperar para las pequeñas necesidades que siempre hay hasta que puedas mandarme alguna friolera y si no fuera la fatalidad  de que ha estado Joaquín un año sin colocarse, yo nada necesitaría porque los otros tienen más obligaciones que entradas.*

*Sobre esto te quiero decir algo, supuesto hijo el único que puede darme algo es Manuel por estar más desahogado y él es quien ha pagado todos los gastos del entierro y demás, justo es que le escribas algo mostrándote agradecido, pues si bien es verdad que todos ofrecieron pagar partes iguales, también lo es que el único que ha podido dar la suya, ha sido José, trabajo considera como está todo, su afán es el campo pero su poca edad lo perjudica mucho para administración y ya dispuesto a apelar a cualquier cosa que sea honrosa*

*Su padre tenía muy buenos amigos, sus tíos tanto el Fortín, que queda en Matanzas como el médico Andrés en esta, los tienen, casi todos con fincas, su padrino en Cienfuegos riquísimo, a todos o ha hablado o ha escrito, y ninguno le ha proporcionado nada, esperanzas nada más, así el esperaba el poder vender una hermosa casa que tiene en Cienfuegos, y no les produce nada, para emprender en algo aquí o en esa, pero se presentan algunas dificultades porque todavía hay menores, este me tiene muy disgustada porque él merece otra suerte; y gracias que su familia es muy unida y tienen casa propia y tratan muy bien a Antonia, ella dice que te quiere escribir no sé si para pedirte algunos datos.*

*Que pocas alegrías hijo nos proporciona la vida, así te ruego que tengas conformidad pues todos sufrimos penas en este valle de lágrima.*

*Miedo tengo decirte adiós pues temo que sea para 2 o 3 meses, porque eso de escribirte sin que me contestes yo no puedo hacerlo pues no sabría decirte más que quejas, y estas cansan. Adiós pues, y hasta luego te dice tu madre que te abraza.*

*Leonor*

# Carta a su nuera

## Habana, junio 15 de 1887.

*Mi querida Carmita:*

*¡Recibí a tiempo su carta del 8 del pasado mes, pero me era triste contestarle sin recibir antes carta de mi hijo, pero gracias a Dios, ya llegó una la semana pasada y ahora contesto la suya con más tranquilidad de espíritu porque, aunque él se empeña en que me conforme y adivine, por lo que no me escribe, esto no es posible, pues, aunque adivino algunas cosas, esto no impide que ideas y pensamientos muy tristes se apoderen de mí; y si no fuera la bondad de U. en darme noticias suyas, mucho más sufriría, por lo que no me canso de darle las gracias. Yo me alegro mucho de que U. y sus niños estén bien de salud, por acá al presente disfrutamos de igual beneficio, los nietos todos en aumento, el de Antonia porque U. me pregunta, no es muy robusto, pero en cambio es muy vivo y batallador, en cuanto a robustez se llevan la pelea los de Carmen, parece increíble que naturaleza tan débil como la suya, críe unos hijos tan hermosos.*

*La última de Amelia cumple un año pasado mañana, está gordita y linda pues casi todo el bulto de la de Carmen, que no tiene aún 4 meses: yo quisiera poder mandar todos los retratos, pero por ahora no es posible.*

*Acabo aquí para contestar a Pepe su larga carta, pues parece que para endulzar la carencia de ellas se extiende en esta, pero ¡Ay! ¡Amiga mía, siempre tristezas y más tristezas! No sé si me alcanzará la vida para verlo algún día sosegado. Dios solo lo sabe.*

*Mis hijas me encargan muchos recuerdos para U. y yo deseo que esta primavera sea próspera para todos, y que el verano no sea tan duro como aquí, que en cambio del calor natural, la continuación de las lluvias nos va a volver Ranas, pues es verdadero temporal de agua el que tenemos desde primeros de mes.*

*Sin más novedad por hoy escríbame pronto y cuente U. siempre con el verdadero afecto de su amiga SS*

*Leonor Pérez de Martí*

# Fragmento de una carta de D. Leonor a su hija Leonor Martí

## Escrita probablemente a fines de diciembre de 1887 o principio de enero de 1888.

*…Antonio Carrillo a Pepe nos sorprendió mucho y considero como estará la infeliz Cheché, pero Pepe siempre dijo que su muerte sería causada por alguna cólera porque conocía su carácter violento. Considero hija lo disgustada que estarás con tanto trastorno si tienes q desbaratar la casa, pero es preferible a vivir en continua angustia. Mira a ver antes todos los inconvenientes.*

*Yo estoy ya deseosa de estar entre U. Pero me da pena decir nada a Pepe porque el día de la separación será terrible.*

*La noche de la reunión contestando algunas palabras q le dijeron algunos amigos con respecto a esto apenas podía hablar de conmovido que estaba, porque en el fondo de su alma hay mucha tristeza a pesar de lo apreciado que se ve, pero la vida para él en esta tierra es terrible como lo fuera para mi si tuviera que vivir en ella. A pesar de su grandeza es antipática pa´ los q´ hemos nacido en otros climas y otras costumbres y como él ve la imposibilidad de volver, de poder vivir en la suya esto le está agotando la vida, aunque no lo dice a nadie.*

*Asó no lo juzguen pues Uds. no saben cómo pasa su vida como yo lo estoy mirando pasa pues todos sus trabajos sin mentales y mal retribuidos, los gastos aquí son terribles, a más de los 30 mensuales q. manda a su mujer, así es que no tiene respiro por lo q no quiero hacerle ningún encargo, porque conozco lo que sufre por no poder hacer lo que desea.*

*Todavía no he podido ver en el puente q es lo que más quiero irme sin ver por cuanto haga un domingo algo apacible me llevarán, el tiempo está ya muy frío y no cesarán las nevadas que dificultan los viajes pues estamos muy lejos y hay que mudar 3 veces de carro.*

*Carmita quería escribirte para decirte algo de la fiesta, pero como aquí también están de vacaciones los niños los tres más chicos también le dan mucho trajín, ella me encarga sus recuerdos y tu darás los de Pepe y míos a todas.*

*A los chiquitos muchos besos, cuanto siento que Pimpín haya vuelto a enfermarse ese niño parece que ha nacido para sufrir y hacer sufrir. Así considero como estará la pobre Antonia, dile que no la olvido un instante y pido a Dios porque tenga una buena hora.*

*Escribo un abrazo a los 3 tuyos y enviándoles mi bendición se despide tu madre q te desea paz y salud in fuerte beso.*


*Leonor*

# Carta de Doña Leonor a su hija Amelia Martí

## Cacahual, mayo 30 de 1889.

*Amelia:*

*Hija mía: hace días q pensaba escribirte, pero esperando saber algo de Uds. esperaba, pero como pasaba tiempo y nada sabíamos; Chata te escribió, aunque en duda de si la recibirías, pues no sabíamos bien las señas de la casa y aún estamos en esa duda pues, aunque Manuel estuvo ahí después no sabemos si la recibiste, pero al fin supimos que no había novedad.*

*La carta q tu habías escrito antes de ir él la hemos recibido hace unos días pues ha estado en el correo más de 8 y apareció muy estropeada como de haberla abierto, pero me alegré porque así estamos más enterados.*

*Siento q te sientas tan mal de salud, yo creo que debes hacer lo posible cuando puedas por tomar algún vino que te fortalezca pues para la batalla de los hijos hay que cuidarse.*

*Lo de Amelina tendrás que refrescarla mucho este verano y bañarla siempre que puedas, Dios quiera q pronto llegues a tu nueva morada para q te tranquilices algo.*

Migración, las duras e injustas críticas recibidas de algunos emigrados—todos lo critican por sus ideas y su resolución de sacrificar su vida por los ideales independentistas, aunque, algunos sin dejar de increparle, le apoyan y consuelan. En todos manifiesta su aflicción y sufrimiento, poniendo de manifiesto los valores a los que hemos hecho referencia.

Se queja de su salud, sobre todo por la pérdida de la visión y de la deteriorada salud del padre. En carta fechada marzo 9 de 1887 le manifiesta: *"Hijo mío al fin carta tuya, ya era tiempo: Te empeñas en que me conforme con esta tardanza"* y prosigue…. *"Miedo tengo decirte adiós pues temo que sea para dos o tres meses…adiós pues, y hasta luego te dice tu madre que te abraza"*. D. Leonor no pierde la esperanza de su regreso para poderlo cuidar algo.

Las restantes cuatro cartas que se conservan, dos son enviadas a Carmen Miyares: *"Mi querida Carmita"*. Así comienza la primera misiva que demuestra su afecto por esta persona que tanta ayuda le prestó. Se muestra agradecida porque por ella sabe de su hijo. En la segunda carta ya fallecido Martí, fechada en marzo 4 de 1898, le habla de la poca ayuda recibida y de su posible operación de la vista. Gracias a esta carta y las gestiones realizadas por Carmen, D. Leonor obtuvo el dinero necesario para su operación.

Esta es la última carta que se conserva de la madre de Martí desde el punto de vista cronológico. Las otras dos cartas están dirigidas la primera a su hija Leonor, escrita probablemente entre el 27 de diciembre de 1887. La carta fechada el día 6 de enero de 1888 estando en Nueva York con su hijo, es la única carta donde expresa alguna satisfacción, habla de forma positiva del hijo al ver como se le aprecia sintiéndose orgullosa.

De esto, aunque en parte hable de su infelicidad, *"porque el día de la separación sería terrible"*, obsérvese su visión de futuro, augura que él morirá primero. En la misma carta hace alusión a que desea estar ya con el resto de sus hijas. Aunque Martí fue su hijo preferido por ser el primogénito y único varón–todos sabemos la preferencia de los padres de sus hijos de sexo contrario al suyo–sin embargo D. Leonor hace galas de amor filial por todos sus hijos.

# Carta dirigida al Dr. Ramón Luis Miranda.

## Febrero 1- 1906

*Sr. Ramón L Miranda.*

*Sr: De mucho consuelo me ha venido el recibir su atenta carta, que me demuestra que todavía hay almas buenas que conserven la verdadera amistad, en medio de tantos que olvidan pronto. Yo sabía algo de su noble proyecto por los periódicos, y me alegra saber que ya va en vías de hecho, mucho tengo yo que agradecer, a su hijo político y a su buena compañera, por los sacrificios que han hecho, para que no se pierdan todos los trabajos de mi inolvidable hijo, y ahora tendré otro motivo más de agradecimiento hacia Uds. Yo también tengo una idea fija, y es, la de que, no quisiera morir antes de que sepa que los restos de mi Pepe descansen en el cementerio de esta ciudad, pues me dicen que el de Santiago es muy húmedo, y está en muy malas condiciones, pero a pesar de que pronto hará once años que están allí, todavía no ha surgido una voz que se ocupe de esto, y como a mí me es imposible hacerlo, creo que será el deber de los buenos cubanos, pero en las circunstancias presentes, no me atrevo a indicárselo a nadie, pues aunque puedo dirigirme al mismo presidente, sé que él solo no podrá hacer nada, y* espero una oportunidad para tratar de esto, que no sé si me alcanzará la vida, pues a más de casi enteramente ciega, me encuentro con los achaques de mi setenta y seis años. Dispénseme Ud. estas digresiones dimanadas del buen afecto que profesa Ud. a esta su atenta y S. s, que le desea mucha salud.

*Leonor Pérez, Vda. De Martí.*

# CONSIDERACIONES FINALES

Quizás el título de esta semblanza resulte un tanto presuntuoso, estoy consciente de ello. Quiero aclarar que no estoy afirmando ser un familiar, aunque lejano de D. Leonor, sino diciendo que probablemente lo sea, es obvio que me gustaría serlo.

Mis tatarabuelos por vía materna Don Mariano Cabrera, Doña Dolores Pomerol, D. Agustín de la Cruz y D. Florentina de la Concepción, son procedentes de Santa Cruz de la Palma según consta en la partida de nacimiento de mi abuelo Eduardo Rafael Cabrera de la Cruz, y emigraron a Cuba desde Canarias aproximadamente en la fecha que lo hicieron los padres del apóstol, asentándose en la Villa Gibara, hoy ciudad de la provincia de Holguín. Por ese entonces no es tan probable que existieran varias familias Cabrera es una misma isla poco poblada.

El hecho que hablemos de Astrología en un medio como el nuestro quizás resulte extraño porque hoy en día para muchos no constituye una verdadera Ciencia. Yo pienso que los antiguos sabios la utilizaban de una manera acertada en gran medida. Muchos pronósticos se convirtieron en hechos gracias a la misma. Hoy por hoy en los países desarrollados hay astrólogos en la mayoría de los grandes centros de investigación científica. Es evidente que la astrología combinada con las matemáticas aumenta las probabilidades de que un hecho se produzca. Lo cierto es que no hay certeza absoluta, pero sí aproximaciones, que en nuestro caso son reales, pues coinciden sus características personales con lo que aporta el horóscopo y su carta natal.

Quiero dejar sentado que por premura en el envío del trabajo no he podido revisarlo en profundidad. Deseo en primer lugar rendir homenaje a esta sufrida madre que amó sin límites y aunque no es el caso, me recuerda en cierta medida a mi difunta madre. De esta manera también le estoy rindiendo homenaje a nuestro héroe nacional.

También deseo señalar que en muy pocos días he redactado el informe por lo que en etapas posteriores tengo el compromiso de mejorarlo. No debo omitir que no me ha resultado fácil la búsqueda por la exigua bibliografía disponible en Bayamo y no dominar la tecnología más moderna. Lo que he hecho, lo he realizado con mucho amor y debo confesar que he recibido mucha ayuda que en algún momento sabré recompensar.

He revisado una abundante bibliografía del apóstol y de su madre, me consta que el sufrimiento de D. Leonor se acentuó con el fallecimiento de Martí aunque el año 1900 fue el más aciago de todos al perder a tres de sus hijas, Leonor Petrona, La Chata y Antonia Bruna.

Describo a continuación un testimonio del nieto Raúl García Martí hijo de Amelia: *"Tuve la suerte y la dicha de conocerla y recordarla como si estuviera ante mí, sentada en su cómodo sillón, en el comedor de su amplia casa en la calle Consulado, refrescándose con su abanico de guano, sobreponiendo sus dedos para ocultar la falta de una falange en uno de ellos. Tiene considerada y tenida su amistad en gran honor por las figuras más prestigiosas de aquél entonces, que gustaban a menudo de su compañía y extasiándose con su facilidad de palabra y por su claro saber, admirando también su portentosa memoria, que… han tenido*

*la oportunidad de apreciar los señores Arturo Carricarte y el*

*Dr. Jorge Mañach. Otras personas han recurrido a ella para*

*sus estudios sobre la vida de Martí y que conservaba a sus 76*

*años bien sufridos".*

Su estoicismo fue grande. Ya octogenaria y casi ciega por sus cataratas se vio apremiada económicamente al tener bajo su amparo a cinco de sus nietos. El 14 de agosto de 1901 se adquiere la propiedad de la casa natal de Martí a iniciativa de la Asociación por Martí, organizada por emigrados, aquí vivió hasta 1904 año en que se traslada a casa de su hija Amelia, quien por tener necesidades económicas tuvo que alquilarla. El día 19 de junio de 1907, D. Leonor fallece en la casa Consulado 30 de su hija Amelia a los 78 años de edad.

Por último, quiero aclarar que como semblanza es una biografía incompleta, hay muchos aspectos de su vida aun insuficientemente estudiados que en un futuro podrán abordarse.

# BIBLIOGRAFIA


Augier, Ángel. La niñez de Martí. Revista Ellas 3(25), 24y25 de enero de 1936.

Ibídem Dos madres simbólicas: Mariana Grajales y Doña Leonor. Noticias de Hoy,    mayo 8, 1949:2

Cano, Castro, Olivia A. Doña Leonor Pérez Cabrera: Mujer Canaria. Ensayo    biográfico, colección La Diáspora, 4, gobierno de Canarias,1998.

Caballero, Armando O. La casa natal de José Martí. Anuario del centro de estudios  martianos, 11, 1988, pp 283-301.

Castro, Sardiñas, Gloria. En el día de las Madres Martí y el amor filial (En Patria    órgano de la asociación de alumnos del seminario Martiano, Habana año xv No.5,  Mayo de 1959pp7-8.

De Zéndigui, Guillermo. "Ámbito de Martí", Habana, P Fernández y Cía., 1954,    222p.

Estínger, Rafael. Vida de Martí. Ediciones Miradas.

Fernández de Béthencourt. Historia genealógica y heráldica de la monarquía española. Bibliotheca Nacional José Martí. TIII pp160-173.

Ibídem Nobiliario de Canarias. T IV pp 68-75.

García, Garrafa, A.A. Enciclopedia heráldica y genealógica hispano americana    Txx, Madrid, 1954 pp160.

González Díaz Francisco. Un canario en Cuba. Imprenta La Prueba, La Habana,    1916, pp189.

García Martí Raúl. Martí Biografía Familiar Imprenta Cárdenas y Cia., Habana, 1938 pp 20-25.

Hernández, García, Julio. José Martí el hijo de la isleña Leonor Pérez, Santa Cruz de Tenerife: Litografía A. Romero,1980.61p.

Marinas, J. M. La madre del apóstol. Guanabacoa, Cuba, Ed. Vamos, 1957,12p.

Martínez, Estrada, Ezequiel. Martí Revolucionario, casa de las Américas. La Habana, 1974.

Méndez, Manuel, Isidro. Estudio Critico Biográfico de José Martí. La Habana 1941, 310p.

Remos, Juan, J. La generación de Martí bol. De Acad. Cuba. De Lengua, Habana, vol.3 (3,4) julio-diciembre 1954 pp. 206-233.

Santovenia, A. Antología Didáctica. Habana, 1945 pp. 23-29.

Valdés, Galarraga, Ramiro. José Martí, sus padres y siete hermanas. Editorial José Martí 2002.

García Medina, Antonio J. Los Guanches. Febrero, 2004, documento pdf.